Lunchpakete

Gesunde Snacks für Schule, Büro und Picknick

Sandy Harper

Lunchpakete

Gesunde Snacks für Schule, Büro und Picknick

Weltbild

DANKSAGUNG

Im Laufe der Jahre habe ich viel Inspiration bei verschiedenen Büchern und Zeitschriften gefunden und bin den Autoren dieser Veröffentlichungen zu Dank verpflichtet. Viel wichtiger jedoch ist es mir, meinen Freunden für ihre Ermutigung und Unterstützung bei diesem besonderen Projekt zu danken. Ich möchte natürlich auch meiner wunderbaren Familie danken, die keine Sekunde an mir gezweifelt hat. Ohne ihre Liebe und dauerhafte Unterstützung hätte ich dieses Buch nicht schreiben können. Danke insbesondere an meine zwei Töchter, Megan und Lauren, die als Versuchskaninchen für meine Experimente dienten. Euer Humor und eure erfrischende Ehrlichkeit haben mich stets auf dem richtigen Kurs gehalten!

Zuletzt möchte ich Magdaleen van Wyk für die technische Unterstützung und Leitung danken – ich stehe tief in deiner Schuld.

SANDY HARPER

Titel der Originalausgabe *The Cool Lunchbox*
Zuerst veröffentlicht 2004 in Großbritannien
von New Holland Publishers (UK) Ltd

Deutsche Erstausgabe

Fotos: Lucinda Mudge/Hirt & Carter
Übersetzung ins Deutsche: Susan Haynes-Huber
Koordination und Bearbeitung der deutschen Ausgabe:
Verlagsservice Dr. Helmut Neuberger & Karl Schaumann GmbH,
Heimstetten

Umschlag: Atelier Lehmacher, Friedberg (Bay.)
Gesamtherstellung: Offizin Andersen Nexö Leipzig GmbH,
Spenglerallee 26 – 30, 04442 Zwenkau
Printed in Germany

ISBN 3-8289-1212-5

Inhalt

Einführung

Wie oft standen Sie schon vor der Aufgabe, eine Pausenbox zu füllen, und fragten sich, was in aller Welt Sie da hineintun könnten? Oder noch schlimmer: Wie oft brachte Ihr Kind sein Pausenbrot wieder unberührt mit nach Hause? Die meisten Kinder verlassen frühmorgens das Haus und kehren erst am Nachmittag zurück, so dass ein Großteil ihres Nahrungsbedarfs vom Inhalt der Pausenbox gedeckt werden muss. Und wie steht es mit Ihrer eigenen Ernährung? Nehmen Sie auch ein Lunchpaket mit, das Sie durch den Tag bringen soll?

Pausenbrote sind nichts Neues. Es gibt sie bereits seit Jahrhunderten. Als unsere Vorfahren auf dem Feld arbeiteten, wurden die Reste des Abendessens vom Vortag in einen geeigneten Behälter gefüllt und mit einem Tuch fest umwickelt, damit die Speisen möglichst lange warm blieben. Die Zeiten sind zwar längst vorbei, aber Pausenbrote werden immer noch gebraucht. Für Kinder aller Altersstufen sind sie ein fester Bestandteil der täglichen Ernährung.

Auch immer mehr Berufstätige nehmen ein Lunchpaket mit in die Betriebe, damit sie in der kurzen Mittagspause keine Zeit beim Schlangestehen in der Kantine oder am Imbissstand verschwenden müssen. Pausenbrote zuzubereiten muss keine lästige Pflicht sein. Mit etwas Kreativität kann das Pausenbrot sogar zum Highlight des Tages werden. Wenn Sie diese Aufgabe so angehen, als würden Sie ein Picknick zusammenstellen, wird die Zubereitung viel mehr Spaß machen und eine viel lohnendere Aufgabe sein.

Anders als ihre Eltern und die meisten anderen Erwachsenen sehen die meisten Kinder Essen nicht als gesellschaftliches Ereignis an. Kinder wollen ihre Mahlzeiten eher möglichst schnell und unkompliziert hinter sich bringen, damit sie ja keine Zeit verlieren und sich wieder den Dingen widmen können, die sie wirklich interessieren, zum Beispiel Spielen. Deshalb sollten Pausenbrote für die Schule:

- optisch ansprechend sein, damit die Kinder zum Essen angeregt werden;
- so einfach wie möglich gestaltet werden, damit sie in kürzestmöglicher Zeit verzehrt werden können;
- Zutaten enthalten, die die Kinder dazu anregen, sich über den Tag verteilt immer wieder etwas zu essen zu holen;
- leicht verdauliche Speisen enthalten – Kinder essen ihre Pausenbrote oft hastig und ohne richtig zu kauen.

Gleichzeitig muss der Inhalt der Pausenbox alle wichtigen Nährstoffe enthalten, die Ihr Kind den Tag über benötigt. Wie ist das möglich?

Die Rezepte in diesem Buch wurden sowohl für Kinder im Schulalter als auch für berufstätige Erwachsene zusammengestellt, die ein Lunchpaket mit zur Arbeit nehmen, und alle in diesem Buch enthaltenen

Rezepte sind für Menschen jeden Alters geeignet; man muss nur die Mengen altersgerecht wählen.
Viele Menschen haben weder Zeit noch Geduld, nach komplizierten Anleitungen anspruchsvolle Menüs zuzubereiten. Deshalb geht es bei den meisten Rezepten hier nicht darum, mühsam genau vorgeschriebene Zutatenmengen abzuwiegen, sondern um die leckeren Geschmackskombinationen. Alle Rezepte sind sehr einfach in der Zubereitung und in vielen Jahren bei meiner eigenen Familie erprobt. Viele sind auch ideal als Frühstücksersatz, da die meisten von uns nicht die Zeit haben, ein konventionelles Frühstück vorzubereiten oder zu essen – und wer hat schon so früh am Morgen Appetit?

Liebe geht durch den Magen

Eines kühlen Morgens machte ich mit meinem Mann und meinen beiden Töchtern eine Bergwanderung – nichts allzu Anstrengendes, nur ein flotter Spaziergang, der zwar meinen Puls beschleunigte, aber mir trotzdem Zeit ließ, die Schönheit meiner Umgebung wahrzunehmen und zuzusehen, wie meine zwei Kinder mit mehr Energie den Weg entlanghüpften, als ich mich erinnern kann, jemals gehabt zu haben. Es tat so gut zuzusehen, wie sie ihrem Bewegungsdrang so unbeschwert nachgaben, dass ich nicht umhin konnte, über meine Rolle als ihre Mutter nachzudenken. Und dann, als ob er meine Gedanken erraten hätte, drehte sich mein Mann zu mir um und fragte: »Welches Vermächtnis werden wir unseren Kindern wohl mit ins Leben geben?«
Wir gingen schweigend weiter; jeder hing seinen eigenen Gedanken nach. Als wir unseren Lieblingsplatz für ein Picknick erreichten, der neben einem Wasserfall lag, setzten wir uns, um etwas zu essen und zu trinken, und sahen zu, wie die beiden Mädchen im eiskalten Wasser planschten. Ich hatte bis dahin nie darüber nachgedacht, welche Ziele ich als Mutter verfolgen sollte. Ich hatte mich einfach den Herausforderungen jedes einzelnen Tages gestellt und mein Bestes getan. Jetzt hatte mein Mann die Frage aufgeworfen, welche Erinnerungen an mich meine Töchter später haben sollten. Und dann wurde mir klar: Ich will, dass sie in der Lage sind, fundierte Entscheidungen im Leben zu treffen. Und vielleicht weil ich mich mein ganzes Leben lang für sinnvolle und gesunde Ernährung interessiert habe, will ich, dass sie auch auf diesem Gebiet die richtigen Entscheidungen treffen. Ob es uns gefällt oder nicht, der Mensch ist, was er isst, und das, was wir zu uns nehmen, beeinflusst unser Leben auf vielfältige Weise. So viele Kinder leiden, weil sie nie gelernt haben, im Hinblick auf ihren Lebensstil und ihre Essgewohnheiten die richtigen Entscheidungen zu treffen.

Viele Essstörungen, wie sie so oft bei Teenagern auftreten, haben ihren Ursprung darin, dass sie in der Kindheit nie gelernt haben, sich richtig zu ernähren, und daher als Heranwachsende und Erwachsene falsche Gewohnheiten pflegen.

Ich glaube, dass eine der wichtigsten »Lektionen«, die wir unseren Kindern mit auf den Weg geben können, darin besteht, ihnen beizubringen, sich sowohl gut als auch gesund zu ernähren. Als Eltern prägen wir die Einstellung unserer Kinder zum Essen. Und wenn wir hier versagen, wird die Fast-Food-Kultur unserer Zeit – unterstützt durch die geballte Kraft der Werbung – uns diese Aufgabe abnehmen!

Alle Anregungen und Rezepte in diesem Buch wurden unter dem Aspekt der Zeitersparnis entwickelt. In unserer ruhelosen Zeit haben wir meist so wenig Zeit für die Familie, dass wir unbedingt neue Wege finden müssen, so viel wie möglich davon mit der Familie zu genießen. Mit Kindern über gesunde Essgewohnheiten zu reden und sie in die Diskussion über ihre Pausenbrote mit einzubeziehen, ist eine gute Möglichkeit, ihnen allgemeine Richtlinien für gesundes Essen zu vermitteln. Wenn Sie ihnen erklären, warum Sie bestimmte Zutaten für ihr Pausenbrot verwenden, können Ihre Kinder viel über richtige Ernährung lernen, und sie werden es auch zu schätzen wissen, wenn Sie den Inhalt ihrer Pausenbox mit Liebe und Fürsorge zusammenstellen. Alle Zutaten müssen natürlich altersgerecht sein, aber sogar die Kleinsten werden es spannend finden zu entdecken, was Mama denn heute eingepackt hat.

Nahrung kann ein sehr wirkungsvolles Medium sein, durch das Sie mit Ihren Kindern kommunizieren. Die Liebe, mit der Sie die Mahlzeiten zusammenstellen, vermittelt Ihren Kindern gesunde Werte wie Fürsorge, Rücksicht und Verständnis – Werte, die in unserem ständigen Wettlauf gegen die Zeit nur allzu oft verloren gehen.

Worum es hier geht

Betrachten Sie dieses Buch als Do-it-yourself-Anleitung für Pausenbrote und Lunchpakete. Es sind viele verschiedene Arten von Pausenmahlzeiten dabei, und alle sind sorgfältig abgestimmt, so dass sie die richtigen Zutaten enthalten und gleichzeitig interessant, schmackhaft, nahrhaft und attraktiv sind. Sie sind leicht und schnell zuzubereiten, und dies mit Grundzutaten, die in den meisten Haushalten zu finden sind. Lassen Sie sich aber auch anregen, Ihre eigenen Ideen für gesunde und passende Pausenbrote für Ihre Kinder zu entwickeln. Dieses Buch umfasst über 40 Pausenmenüs und enthält auch Vorschläge für Brotaufstriche sowie eine Liste mit eiweiß- und kohlenhydratreichen Snackideen. Sie können die Vorschläge nach Belieben kombinieren und individuell auf die Bedürfnisse und Vorlieben Ihrer Kinder abstimmen. Dabei sollten Sie ruhig Ihre Fantasie spielen lassen und nach Herzenslust experimentieren. Das Buch enthält auch allgemeine Ernährungstipps, damit Sie besser verstehen, warum bestimmte Zutaten immer wieder in diesen Menüs auftauchen.

Mein Ziel ist es, den Eltern die manchmal schier endlos erscheinende Aufgabe zu erleichtern, Tag für Tag und Woche für Woche Pausenbrote zusammenzustellen und dabei auch neue Ideen für ihre eigenen Lunchpakete zu entwickeln.

Zur Verwendung dieses Buches

Wie erwähnt, ist dies kein Kochbuch im herkömmlichen Sinn, obwohl das letzte Kapitel einige Rezepte enthält. Es ist als Nachschlagewerk gedacht, aus dem Sie nach Belieben Ideen heraussuchen können, ohne vorher das ganze Buch lesen zu müssen.

Ich möchte Ihnen aber dennoch empfehlen, gelegentlich das ganze Buch durchzulesen, wenn Sie den größtmöglichen Nutzen daraus ziehen wollen. Nur dann werden Sie nämlich verstehen, was ich mit dem lebenswichtigen »Gleichgewicht« meine.

Die Tipps und »Hätten Sie's gewusst?«-Kästchen sollen Ihnen wichtige Informationen vermitteln, damit Sie jede Mahlzeit optimal auf Ihre Bedürfnisse zuschneiden können.

Sollten Sie oder ein Mitglied Ihrer Familie zu Allergien oder Lebensmittelunverträglichkeiten neigen, rate ich Ihnen, sich die Seiten 33–34 anzusehen, bevor Sie die erste Pausenbox packen. Außer bei schweren Allergien rate ich davon ab, bestimmte Lebensmittel ganz aus dem Ernährungsplan zu streichen. Ich halte es für sinnvoller, statt dessen die Zufuhr der »Problemzutaten« lediglich einzuschränken.

Ich war bemüht, nur solche Zutaten zu verwenden, die in einem Durchschnittshaushalt vorrätig sind. Erwarten Sie daher keine exotischen Delikatessen; ich hoffe aber, dass dieses Buch Sie dazu anregen wird, alltägliche Lebensmittel in neuen und spannenden Variationen zu verwenden.

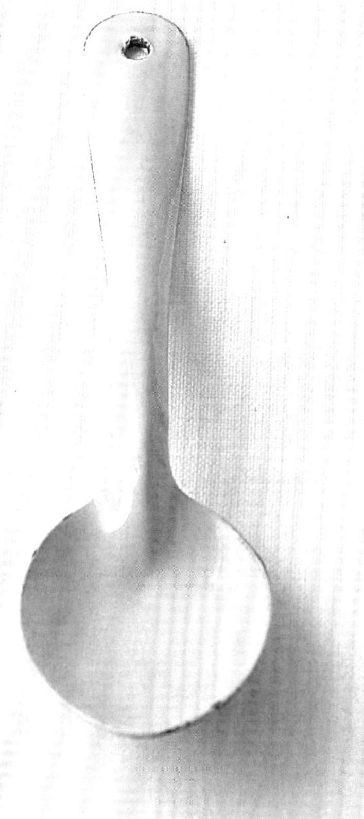

Etwas Theorie

Realistisch sein

Als Teenager gab es Zeiten, da glaubte ich alles zu wissen. Aber ich werde den Tag nie vergessen, an dem mein Vater den Atlas aufschlug und mir eine doppelseitige Darstellung des Sonnensystems zeigte. Er zeigte mir einen winzigen Punkt und sagte, das sei die Erde und ich solle mir vorstellen, wie unbedeutend klein sie innerhalb des Sonnensystems sei. Afrika, so fuhr er fort, mache nur einen Bruchteil ihrer Oberfläche aus. Und an der südlichsten Spitze dieser Landmasse befinde sich ein Land namens Südafrika. Und irgendwo in Südafrika gab es ein kleines Mädchen, das überzeugt war, alles zu wissen!

Der Mensch entwickelt sich immer weiter, und mit ihm seine Nahrung und die Art, wie er auf seine Nahrung reagiert. Das Informationszeitalter überschüttet uns mit einer Flut von Ernährungstipps. Glaubt man der Werbung, so haben die Lebensmittelproduzenten alle Antworten parat. Und inmitten dieser Flut von Information, was wir wann, wo und mit wem essen sollen, treffen Menschen ihre eigenen Entscheidungen bezüglich ihrer Essgewohnheiten – Gewohnheiten, die ihr Leben auf Dauer prägen werden. Ich denke, wenn alles so kompliziert wird, ist es Zeit, sich auf das Wesentliche zu konzentrieren! Denn wir haben vielfach das Wesentliche aus den Augen verloren. Und der wichtigste Grundsatz ist, ein Gleichgewicht zu schaffen – jenen schwer erreichbaren Zustand der Harmonie. Ich glaube, dass wir unser Leben vereinfachen und versuchen müssen, das Gleichgewicht wieder herzustellen. Und wo könnte man besser anfangen als bei unserer Nahrung?

In diesem Buch geht es nicht um radikale Ideen, New-Age-Philosophien oder Ernährungslehren. Es geht um das Gleichgewicht. Es geht darum, praktisch zu denken und das notwendige Grundwissen zur Hand zu haben, um sinnvolle

Entscheidungen zu treffen, Entscheidungen, die Ihre persönliche Gesundheit und die Ihrer Kinder betreffen. Werden Sie also bitte nicht ungeduldig, wenn ich das Grundwissen über Ernährung rekapituliere. Mein Buch basiert auf diesen grundsätzlichen Erkenntnissen. Sie sich nochmals ins Gedächtnis zu rufen, wird Ihnen helfen, den größtmöglichen Nutzen daraus zu ziehen und die Zusammenstellungen zu verstehen.

Eiweiß, Kohlenhydrate und Fett

Eiweiß

Protein oder Eiweiß, der Grundbaustein des menschlichen Körpers, besteht aus Aminosäuren. Diese sind der Hauptbaustoff für Gewebe, Organe, Hormone, Enzyme und unser Immunsystem. Es gibt ca. 22 Aminosäuren. Die meisten davon gelten als »nicht essenziell«, da unser Körper sie selbst aus anderen Stoffen bilden kann. Aber nicht alle Aminosäuren können vom Körper hergestellt werden. Acht »essenzielle« Aminosäuren müssen wir aus unserer Nahrung beziehen. Sie befinden sich in tierischen Produkten wie Fleisch, Fisch, Geflügel und Milchprodukten sowie in pflanzlichen Produkten wie Nüssen, Bohnen, Erbsen und Sojaprodukten, zum Beispiel Sojamehl, Sojamilch und Tofu.

Anders als bei Kohlenhydraten muss Protein in einem langen und komplizierten Prozess in seine einzelnen Bausteine zerlegt werden, damit sein Nährwert freigesetzt wird. Wir brauchen also Protein für das Wachstum und für länger anhaltende Energie.

Kohlenhydrate

Kohlenhydrate sind pflanzlichen Ursprungs und zum Beispiel in allen Getreidearten und stärkehaltigen Lebensmitteln, in Obst und Gemüse enthalten. Kohlenhydrate sind aber komplizierte Nährstoffe; der Trick ist also, ein Gleichgewicht zu halten. Kohlenhydrate (im Körper als Glykogen gespeichert) sind die bevorzugte Energiequelle für unseren Körper. Glykogen wird in die einfachste Form der Kohlenhydrate, in Glukose umgewandelt, die unseren Körper mit Energie versorgt. Es gibt zwei Arten von Kohlenhydraten: einfache und komplexe. Einfache Kohlenhydrate liefern mit wenig Verdauungsaufwand schnell verfügbare Energie. Ein Beispiel für einfache Kohlenhydrate ist Obst. Obst und Gemüse enthalten einfache Zuckerarten (Monosaccharide). Außerdem versorgen sie den Körper mit Vitaminen und Mineralstoffen, kleinen Mengen Protein und pflanzlichen Fetten sowie mit Ballaststoffen. Obst ist ein idealer Lieferant von schnell verfügbarer Energie.

Krautsalat-Wrap *(Vegetarisches Lunchpaket 5, Seite 43)*

Hähnchensalat mit Mango und Pecannüssen *(Seite 61)*

Würstchen-Senf-Brötchen *(Seite 64)*

Nudelsalat *(Standard-Lunchpaket 2, Seite 36)*

Komplexe Kohlenhydrate hingegen werden vom Körper viel langsamer abgebaut und haben deshalb eine länger anhaltende Wirkung auf den Blutzuckerwert. Lebensmittel, die komplexe Kohlenhydrate enthalten, sind zum Beispiel alle Getreideprodukte (vorzugsweise Vollkorn), Hülsenfrüchte, Nudeln, Haferflocken und Vollkorn-Frühstückscerealien. Komplexe Kohlenhydrate sind ein besonders wichtiger Bestandteil des Frühstücks für Schulkinder. Sie bringen die Energie für einen schwungvollen Start in den Tag, und diese hält bis zur Pause an. Daher sind komplexe Kohlenhydrate Grundbestandteile der Pausenbrotrezepte für Kinder. Grundsätzlich sollten alle Mahlzeiten Kohlenhydrate enthalten.
Einfache Kohlenhydrate, wie sie in Fertigprodukten wie Schokoriegeln oder Limonaden enthalten sind, liefern zwar schnelle Energie, aber keine Nährstoffe. Auch wird diese Energie schnell verbraucht, und der Körper verlangt bald nach mehr. Man gerät schnell in einen Teufelskreis, und Übergewicht ist die Folge. Zwischenmahlzeiten aus komplexen Kohlenhydraten hingegen lassen den Blutzuckerwert langsam ansteigen und spenden viel länger anhaltende Energie.

Ballaststoffe

Ballaststoffe sind nur in pflanzlicher Nahrung wie Obst, Gemüse und Vollkornprodukten enthalten. Den meisten von uns sind Weizenballaststoffe und Weizenkleie ein Begriff; was viele jedoch nicht wissen, ist, dass es zwei Arten von Ballaststoffen gibt. Obst, Gemüse, Hülsenfrüchte, Gerste und Hafer enthalten lösliche Ballaststoffe. Es gibt aber auch nicht lösliche Ballaststoffe, wie sie in Weizen, braunem Reis und Mais enthalten sind. Auch manche Gemüsesorten enthalten nicht lösliche Ballaststoffe.
Und wieder ist es wichtig, darauf zu achten, dass unsere tägliche Nahrung reich an beiden Arten von Ballaststoffen ist. Ballaststoffe fördern die Verdauung, und Studien haben gezeigt, dass eine ballaststoffreiche Ernährung den Blutcholesterinwert senkt und vor Darmkrebs und Herzkrankheiten schützt. Insgesamt fördert ballaststoffreiche Kost die Gesundheit und steigert das Wohlbefinden.

Zucker

»Blutzucker« und »Blutzuckerwerte« sind heutzutage Schlagwörter, aber was steckt eigentlich dahinter, und warum ist es so wichtig, auf den Zuckergehalt unserer Nahrung zu achten?

Blutzucker-Blues

Alles, was wir zu uns nehmen, wird letztendlich in die Energie umgewandelt, die unseren Körper am Leben hält. Diese Energie wird über den Blutkreislauf zu den Zellen transportiert und als Blutzucker bezeichnet. Der Schlüssel zu einer optimalen Ernährung liegt darin, den Blutzuckerwert konstant zu halten, damit jederzeit genügend Energie für alle Körperfunktionen zur Verfügung steht. Manche Lebensmittel, zum Beispiel Süßigkeiten, bestehen aus einfachen Zuckerarten, die ohne viel Verdauungsaufwand schnell in den Blutkreislauf wandern. Die Energie, die diese Zuckerarten liefern, ist jedoch schnell verbraucht.

Gelangt eine größere Menge solcher einfacher Zucker schlagartig in den Blutkreislauf, wird die Bauchspeicheldrüse dazu angeregt, mehr Insulin zu bilden, um die zusätzliche Glukose zu verarbeiten. Das Insulin entfernt sozusagen die Glukose aus dem Blut, und der Blutzucker sinkt auf einen Wert, der niedriger ist als vor der »Zuckerspritze«. Schwankungen im Blutzuckerwert gelten als Ursache für viele Verhaltensprobleme wie Reizbarkeit, Aggressionen, Lethargie, Stimmungsschwankungen und Depression.

Hypoglykämie (Unterzucker) ist eine extreme Form des niedrigen Blutzuckers. Der Blutzuckerwert fällt so weit ab, dass Schwindelgefühle, Schwächeanfälle und sogar Übelkeit hervorgerufen werden.

Der »Glykämische Index« (GI) klassifiziert Lebensmittel nach ihrer Fähigkeit, durch die Spaltung komplexer Zuckerarten in ihre Grundform, die Glukose, Energie freizusetzen. Generell sind alle Lebensmittel mit einem niedrigen GI-Wert (weniger als 50) gesund, während Lebensmittel mit einem GI-Wert von 70 und mehr zu meiden oder stark einzuschränken sind. Man sollte aber auch den Genuss von Lebensmitteln mit einem GI-Wert zwischen 50 und 70 einschränken.

Um zu entscheiden, welche Lebensmittel Sie fest in Ihren Speiseplan einbauen sollten, denken Sie am besten daran, dass komplexe Kohlenhydrate ihren Zucker langsam in den Blutkreislauf freisetzen und deshalb länger anhaltende Energie liefern. Kombiniert man diese Kohlenhydrate mit Proteinen, so wird die Energie noch langsamer freigesetzt.

Zucker wird jedoch seit längerer Zeit mit einer Destabilisierung des Blutzuckerwertes und der daraus resultierenden Erschöpfung des Vitamin-B-Speichers im Körper in Verbindung gebracht, sowohl bei Kindern als auch bei Erwachsenen. Das Ergebnis: Hyperaktivität oder Verwirrung, Konzentrationsschwäche.

Zucker verursacht nicht nur Karies, sondern gilt auch als mögliche Ursache für viele andere gesundheitliche Probleme, zum Beispiel Asthma, Depressionen, Immunschwäche und Migräne. Zucker kann auch die Aufnahme von bestimmten Mineralstoffen erschweren, insbesondere von Kalzium und Magnesium, er kann zu Chrommangel führen und Pilzkrankheiten (*Candida albicans*) begünstigen – die Liste ließe sich noch lange so weiterführen! Nicht zuletzt macht Zucker auch psychisch abhängig.

Viele Lebensmittel enthalten versteckten raffinierten Zucker. Man sollte solche Lebensmittel meiden – oder zumindest deren Genuss möglichst stark einschränken. Das Lunchpaket sollte nur natürlichen Zucker enthalten. Meiden Sie also Kuchen und Kekse, Schokoriegel und ähnliche Leckereien. Süßen Sie stattdessen mit Honig oder Bio-Konfitüren und Marmeladen und streichen Sie Lebensmittel mit raffiniertem Zucker von der Einkaufsliste. Wenn solche Sachen gar nicht erst ins Haus kommen, kann man sie auch nicht in die Pausenbox packen!

Obst enthält zwar auch einfache Zuckerarten – Glukose und Fruchtzucker –, aber hier sind sie kombiniert mit vielen notwendigen Vitaminen und Mineralstoffen und werden in einer leicht verdaulichen Form angeboten.

Manche Obstsorten, zum Beispiel Weintrauben und Datteln, enthalten reine Glukose, die schnell in den Blutkreislauf kommt, während Bananen, die sowohl Glukose als auch Fruktose enthalten, dadurch langsam und stetig freigesetzte Energie liefern und den Blutzuckerwert nicht hochschnellen und genau so schnell wieder absinken lassen. Bananen sind gute Lieferanten für einen schnell benötigten Energieschub. Wie alle Obstsorten bieten sie Zucker in Kombination mit Ballaststoffen und geringen Mengen an Protein und Fett und tragen deshalb dazu bei, den Blutzuckerwert konstant zu halten.

Fett

Fette gibt es in allen möglichen Formen – gute, schlechte und hässliche. Gute Fette sind pflanzliche Fette, die fettlösliche Vitamine und lösliche Fettsäuren enthalten. Beide sind sehr wichtig für den Körper. Pflanzliche Fette gibt es in einfach ungesättigter und mehrfach ungesättigter Form. Sie sind in Avocados, Samen wie Sesam, in Oliven und Olivenöl und in Nüssen und Getreide enthalten. Schlechte oder gesättigte Fette sind meistens tierischen Ursprungs, aber auch in Milchprodukten und sogar in Kokosmilch enthalten. Sie werden mit vielen gesundheitlichen Problemen in Verbindung gebracht. Die hässlichen Fette sind die überschüssigen Fette, die wir zu uns nehmen und die Herzkrankheiten und Übergewicht verursachen. Denken Sie auch daran, dass zu viel Fett, egal welchen Ursprungs, zu Gewichtsproblemen führt. Es ist wiederum eine Frage des Gleichgewichts. Als allgemeine Regel sollten Sie darauf achten, dass Fett nicht mehr als 30 Prozent Ihrer täglichen Nahrung ausmacht.

Man muss aber auch wissen, dass unser Körper Fette braucht, denn sie enthalten sehr wichtige Nährstoffe. Wir müssen aber nicht nur auf die Quantität, sondern auch auf die Qualität der Fette in unserer Ernährung achten.

Hätten Sie's gewusst?

Manche Öle werden bei der Verarbeitung stark erhitzt, wodurch freie Radikale freigesetzt werden, die Ihre Gesundheit beeinträchtigen können. Dem Körper fehlen auch die Enzyme, um sehr stark erhitzte Fette abzubauen und zu verdauen.

Wasser und der Fruchtsaft-Rummel

Unser Körper besteht zu ca. 60 Prozent aus Wasser, aber wenn man sieht, wie viel Fruchtsaft unsere Kinder trinken, möchte man meinen, er bestehe stattdessen aus Fruchtsaft.

Sehen Sie sich die Packung Ihres Lieblingsfruchtsaftes genau an. Besteht er wirklich aus reinem Saft? In Deutschland gibt es dafür einschlägige Bestimmungen: Nur wo Fruchtsaft drin ist, darf auch Fruchtsaft draufstehen. Fruchtsaft wird entweder als »Direktsaft« unverändert abgefüllt, oder er besteht aus Konzentrat. Dabei wird dem frischen Saft zunächst Wasser entzogen, das beim Abfüllen wieder zugeführt wird. Fruchtsäfte dürfen mit bis zu 15 Gramm Zucker pro Liter nachgesüßt werden. Diese sog. »Korrekturzuckerung« muss auf dem Etikett vermerkt sein. »Fruchtnektar« muss nur zwischen 25 und 50 Prozent, je nach Sorte, Fruchtsaft enthalten, »Fruchtsaftgetränke sogar nur zwischen 6 und 30 Prozent, wiederum je nach Sorte. Viele Getränke, die sich mit der Bezeichnung »Fruchtsaft« schmücken, weisen also einen sehr hohen Zuckergehalt, viel Säuregehalt und keinen der Gesundheitsvorteile auf, wie sie die in den ganzen Früchten enthaltenen Ballaststoffe bieten. Außerdem sind viele Produkte so verarbeitet worden, dass ihr Vitamin- und Mineralstoffgehalt mehr oder weniger verloren gegangen ist. Wenn aber der Saft keine Fruchtfasern enthält, ist er nur halb so wertvoll, obwohl er den gleichen Brennwert in Kilojoule hat.

Der hohe Zuckergehalt in fruchtsafthaltigen und in anderen künstlich hergestellten Erfrischungsgetränken ist nicht nur schlecht für die Blutzuckerwerte; er begünstigt auch die Entstehung von Karies. Dies hat besonders schwer wiegende Folgen bei Kindern, die als Babys viel Fruchtsaft tranken. »Saftkinder« verlieren oft viel zu früh ihre Milchzähne, was im späteren Leben zu ernsthaften Zahnproblemen führen kann. Ohne sorgfältige Überwachung kann der überschüssige Zucker auch Gewichtsprobleme verursachen.

Warum Wasser?

Wasser ist etwas so Einfaches und Natürliches, dass wir scheinbar vergessen haben, dass es für die Ernährung ein wahres Wundermittel ist. Wasser ist der wichtigste Bestandteil des Blutes und des Protoplasmas, der Flüssigkeit, ohne die unsere Körperzellen nicht funktionieren können. Die meisten Körperfunktionen, von der Befeuchtung der Lungen für die Sauerstoffaufnahme über die Regelung der Körpertemperatur und die Schmierung und den Schutz der Gelenkflächen bis zu der Erleichterung der Verdauung und der Nährstoffaufnahme, laufen mit Hilfe von Wasser ab. Wasser spielt auch im Gehirn eine entscheidende Rolle. Neurotransmitter brauchen es, um Signale zuverlässig von Zelle zu Zelle zu leiten. Trinkt Ihr Kind also zu wenig, könnte sein Gehirn unter einem leichten Wassermangel leiden. Das Ergebnis: »Gehirn-Stress«.

Das Gehirn strengt sich an, um trotz des Wassermangels zu arbeiten, und Ihr Kind »schaltet ab«. Eine solche Dehydrierung kann bestehende Lernprobleme verschlimmern.

Wir müssen unseren Kindern beibringen, wieder mehr Wasser zu trinken, egal ob Leitungswasser oder Mineralwasser. Es ist wichtig, dass sie lernen, ihren Durst immer mit Wasser zu löschen. Andere Getränke können zum Essen getrunken oder in Gesellschaft genossen werden, aber als Durstlöscher sollte immer Wasser dienen. In den folgenden Lunchpaketen ist Wasser die erste Wahl. Obst essen und Wasser trinken! Um das Wasser auch bei warmem Wetter zu einem Genuss zu machen, füllen Sie eine Plastikflasche zur Hälfte mit Wasser und frieren dieses ein. Kurz bevor Sie das Lunchpaket zubereiten, füllen Sie die Flasche mit Wasser von Raumtemperatur auf. So wird das Wasser auch noch zur Mittagspause herrlich kalt sein. Vielleicht schaffen Sie auf diese Weise sogar einen neuen Trend und können beobachten, wie auch andere Kinder anfangen, Wasser zu trinken.

Hätten Sie's gewusst?

Getränke, die künstlich mit Kohlensäure versetzt werden (kohlensäurehaltiges Mineralwasser und Sodawasser) können Knochen spröde machen.

Freie Kohlensäuremoleküle in diesen Getränken heften sich an die Mineralstoffe in unserem Körper, die dann mit dem Wasser als Urin ausgeschieden werden. Obwohl kohlensäurehaltige Getränke mit künstlichen Süßstoffen oft zur Gewichtsreduzierung empfohlen werden, sind manche dieser künstlichen Süßstoffe in den Verdacht geraten, Krebs zu erregen. Wenn Sie also abnehmen möchten, bleiben Sie lieber beim Wasser!

Lernschwierigkeiten und Verhaltensstörungen

Heute wird bei Kindern im Schulalter immer häufiger die Diagnose Aufmerksamkeitsdefizitsyndrom (ADS) oder Aufmerksamkeitsdefizitsyndrom mit Hyperaktivität (ADHD) gestellt. Dies sind aber wahrscheinlich die am häufigsten missverstandenen und falsch behandelten »Krankheiten« in unserer Gesellschaft.

Nach Meinung von Professor André Venter, Leiter der Pädiatrie an der University of the Free State und Südafrikas führende Autorität auf dem Gebiet der Lernschwierigkeiten, sind ADS und ADHD auf ein gestörtes Gleichgewicht der Neurotransmitter, also der chemischen Botenstoffe im Gehirn, zurückzuführen. Es gibt dafür viele Ursachen, aber die wichtigste ist die genetische Veranlagung.

Nach eingehendem Studium vieler Bücher zum Thema Ernährung bei Lernschwierigkeiten scheint eines festzustehen: Eine gesunde Ernährung vermag zwar ADS oder ADHD nicht zu heilen, sie kann Ihrem Kind aber helfen, damit umzugehen, viel besser als eine aus zu viel raffiniertem Zucker, Zusatz- und Konservierungsstoffen bestehende Kost.

Wenn Sie einmal beschlossen haben, auf eine bessere Ernährung zu achten, kann das Einkaufen im Supermarkt zum Albtraum werden. Die Lebensmittelabteilungen sind ein Minenfeld, auf dem es von raffiniertem Zucker und unerwünschten Zusatzstoffen geradezu wimmelt, und vieles davon befindet sich ausgerechnet in den Lieblingsspeisen Ihres Kindes. Sie können sich jedoch darauf verlassen, dass alle Lunchpakete in diesem Buch sorgfältig zusammengestellt worden sind: Sie enthalten prinzipiell nur einfache und weitestgehend unverfälschte Grundzutaten mit einer Vielzahl von Inhaltsstoffen, die den Blutzuckerwert Ihres Kindes über den Tag möglichst stabil halten.

Denn es ist wichtig zu verhindern, dass der Blutzuckerspiegel plötzlich absackt. Ein plötzliches Abfallen des Blutzuckerwertes macht sogar ein Kind ohne ADS oder ADHD lethargisch, schlecht gelaunt, weinerlich oder launisch. Die Aufmerksamkeitsspanne verkürzt sich, das Kind kann sich schlecht konzentrieren. Gleichgewicht – das brauchen Kinder mehr als alles andere. Und vergessen Sie nicht, dass jedes Kind ein Individuum ist. Es lässt sich also nicht vorhersagen, wie es auf Veränderungen in der Ernährung und auf die neuen Lunchpakete reagiert.

Wenn Kinder Medikamente nehmen

Muss Ihr Kind Medikamente nehmen wie Ritalin, kann es gut sein, dass sein Appetit gedämpft wird. Es hat keinen Sinn, seine Pausenbox mit zu viel Lebensmitteln zu füllen: Kinder sind vom Überangebot überfordert und neigen dazu, überhaupt nichts zu essen. Es ist auch entmutigend für Sie, die volle Box zurückzubekommen, wenn Sie sich mit dem Pausenbrot so viel Mühe gegeben haben. Reden Sie mit Ihrem Kind über seine Appetitlosigkeit. Erklären Sie ihm, dass Sie ihm in Zukunft weniger, aber gesunde Sachen in seine Pausenbox geben, die ihm schmecken werden, auch wenn es keinen Hunger hat. Reduzieren Sie also die Quantität, nicht die Qualität.

Ziel dieses Buches ist es, Rezepte anzubieten, die Kinder den ganzen Tag lang mit Energie versorgen. Ich möchte aber ausdrücklich betonen, dass Sie dafür sorgen müssen, dass ihr Tag mit dem richtigen Frühstück beginnt – besonders wichtig bei Kindern mit besonderen Bedürfnissen. Es gibt ein paar Rezepte für Kinder, die so früh am Tag noch nicht viel essen wollen, zum Beispiel das Yummy-Frühstücksmüsli auf Seite 68. Dieses Rezept lässt sich leicht variieren, wenn Ihr Kind unter Allergien oder Unverträglichkeiten leidet oder bestimmte Zutaten nicht mag. Es ist lecker und durchaus als Snack gegen den kleinen Hunger geeignet. Versuchen Sie, industriell gefertigte Frühstücksflocken mit Zuckerüberzug und schädlichen Konservierungsstoffen zu meiden, die nur den Blutzuckerwert kurzfristig in die Höhe treiben.

Nehmen Sie sich Zeit, ein richtiges Frühstück vorzubereiten. Es geht ganz schnell, und es müssen nicht immer Eier mit Speck sein. Man könnte zum Beispiel einen warmen Haferbrei servieren – Haferflocken sind sehr gesund, und der zusätzliche Aufwand lohnt sich. Versuchen Sie auch, kleine leckere Snacks mit in die Pausenbox zu packen – Sachen, die sonst eher zwischendurch gegessen werden. Kinder essen Popcorn nicht, weil sie Hunger haben, sondern weil sie damit Spaß verbinden, zum Beispiel einen Kinobesuch. Wenden Sie ruhig ein wenig Alltagspsychologie an, wenn Sie Lunchpakete packen. Bieten Sie kleine Mengen Snacks an, zum Beispiel Popcorn oder Wurstspießchen. Auch rohe Karotten und ein kleines Stück Hartkäse oder ein wenig Trockenobst sind Leckereien, die Ihr Kind knabbern kann, ohne eine ganze Mahlzeit zu sich nehmen zu müssen.

Lässt die Wirkung der Medikamente nach, haben solche Kinder oft einen Riesenappetit. Sorgen Sie dafür, dass das Essen zu Hause rechtzeitig auf den Tisch kommt, auch wenn sich die gewohnten Essenszeiten dadurch etwas verschieben.

Übergewicht und Portionsgrößen

Im Juni 2003 wurde es wieder einmal öffentlich: Über 60 Prozent der erwachsenen Amerikaner sind übergewichtig, fast die Hälfte davon leidet sogar unter Fettleibigkeit. Fast 50 Prozent der Bevölkerung wird an Herzkrankheiten sterben, die damit Todesursache Nummer 1 in den Vereinigten Staaten bleiben werden. Diese Zahlen sind Besorgnis erregend. Und die Ursache des Problems? Ganz einfach: amerikanische Kinder haben nie gelernt, sich richtig zu ernähren! Die für diese verhängnisvolle Entwicklung verantwortlichen Übeltäter sind schnell ausgemacht: Fast Food, TV-Dinners, der Verzicht auf gemeinsame Mahlzeiten im Familienkreis. Oder man verweist mit erhobenem Finger auf Ernährungsmodelle wie die altmodische Ernährungspyramide.

Leider lehrt uns die Pädagogik, dass Kinder in vieler Hinsicht die Lebensgewohnheiten ihrer Eltern übernehmen – auch und besonders in der Ernährung. Und unser hektischer westlicher Lebensstil hat in dieser Hinsicht zu einer kulinarisch wie gesundheitlich gleichermaßen unergiebigen Fast-Food-Kultur geführt. Es ist Zeit, dem Einhalt zu gebieten!

Was unsere Kinder von uns über Ernährung lernen, hat einen unmittelbaren Einfluss auf ihre Gesundheit als Erwachsene und auf ihre Lebensqualität in späteren Jahren. Wir können nicht mit schlechtem Beispiel vorangehen und erwarten, dass unsere Kinder trotzdem lernen, wie man's richtig macht. Kinder müssen lernen, wie eine angemessene Portion aussieht. Weniger ist in der Tat mehr. Es ist besser, die Qualität der

Speisen zu erhöhen als die Quantität. Kinder müssen lernen, Respekt vor Lebensmitteln zu entwickeln. Sie müssen lernen, gutes und gesundes Essen zu schätzen, damit sie nicht von Junk-Food abhängig werden. Bringen Sie Ihren Kindern bei, frisch und gut zubereitete Speisen zu bevorzugen, und machen Sie ihnen klar, dass wir unseren Planeten erhalten müssen, weil die Erde uns nährt und schützt. Am Ende hängt alles von uns Eltern ab, von unserem Engagement und unserem Verhältnis zur Ernährung. Erziehen wir unsere Kinder zu gesunden, schlanken Menschen. Fangen Sie damit an, indem Sie ihnen beibringen, den Unterschied zu erkennen zwischen echtem Hunger und bloßen Gelüsten. Kinder haben ein feines Gespür für die Nahrungsmenge, die Sie wirklich brauchen. Sie werden bald feststellen, was die »richtige« Menge für Ihre Kinder ist. Lebensmittel zu verschwenden, sollte verpönt sein, aber noch weniger dürfen Sie sich dazu hinreißen lassen, Kinder zum Aufessen zu zwingen, wie dies noch bei unseren Großeltern üblich war. Vielfraße werden nicht geboren, sondern erzogen.

Cholesterin

Wir haben alle den Medienrummel um das Cholesterin mitbekommen. Falls Sie aber die einzelnen Details nicht mehr wissen, hier die Fakten in Kurzform:
Unser Körper kennt zwei Arten von Cholesterin: jenes, das er selbst produziert, und das Cholesterin, das er aus der Nahrung bezieht. Cholesterinhaltige Lebensmittel sind zum Beispiel Fleisch, Fisch, Geflügel, Eier, Butter, Schmalz und Sahne – tierische Fette.

Man darf aber nicht vergessen, dass Cholesterin wichtige Funktionen im Körper erfüllt, so bei der Produktion der Sexualhormone und der Galle. Es trägt auch maßgeblich dazu bei, das Körpergewebe gesund zu halten. Cholesterin ist fettlöslich und braucht daher ein Medium, damit es durch die Blutgefäße zu den Zellen transportiert wird. Schließlich basiert unser Blut auf Wasser. Low-Density-Lipoprotein (LDL) heißt der Stoff, der das Cholesterin von der Leber, wo es hauptsächlich gebildet wird, zu den Zellen transportiert, während High-Density-Lipoprotein (HDL) das Cholesterin zur Ausscheidung von den Zellen zur Leber bringt. Deshalb nennt man LDL das »schlechte« und HDL das »gute« Cholesterin. Der Cholesterinspiegel ist sehr wichtig. Zu wenig Cholesterin soll aggressiv machen und sogar Schlaganfälle auslösen, während ein Zuviel an Cholesterin zu Herz-Kreislauf-Erkrankungen führt.

Als die Medien das Thema »Cholesterin« erstmals aufgriffen, haben einige sofort damit aufgehört, Butter zu essen, und stattdessen Margarine gekauft. Nun, manche wird es endgültig zu verwirren, wenn ich nun berichte, dass es nach neuesten Studien nicht ausreicht, tierische Fette zu meiden, um Herzkrankheiten zu verhindern. Neue Forschungsergebnisse lassen vermuten, dass ein Mangel an anderen Nährstoffen, allen voran an Vitamin C, noch gefährlicher sein kann und dass man bis zu drei Eier pro Woche essen kann, ohne den Cholesterinspiegel maßgeblich zu beeinflussen. Aber nur weil wir jetzt guten Gewissens wieder Butter kaufen dürfen, heißt das noch nicht, dass wir jede Menge tierisches Fett zu uns nehmen sollen. Denn nach aktuellem Wissensstand der Medizin benötigen wir eine gesunde, ausgewogene Ernährung mit viel frischem Obst und Gemüse. Verwenden Sie also beim Kochen und für Salate statt Butter, Schmalz und Speck bevorzugt pflanzliche Öle, möglichst Olivenöl. Denn dieses Öl senkt den LDL-Spiegel im Blut.

Ist Ihr Cholesterinwert zu hoch, essen Sie nur noch zweimal pro Woche Fleisch, vom Hähnchen nur die Brust ohne Haut, und entfernen Sie alles sichtbare Fett, zum Beispiel von Schinken, Rindfleisch oder Lamm. Und noch wichtiger: Essen Sie viel frisches, rohes Gemüse und Obst sowie Vollkornprodukte, damit die Versorgung mit wichtigen Vitaminen und Mineralstoffen gewährleistet ist. Bei Fragen oder im Zweifel wenden Sie sich an Ihren Arzt oder einen staatlich geprüften Ernährungsberater.

Alle in diesem Buch enthaltenen Rezepte für vegetarische Lunchpakete, aber auch die Rezepte für allgemeine Lunchpakete und ihre vegetarischen Alternativen sind ausgesprochen wohltuend für Ihren Cholesterinspiegel. Jene Lunchpaketvorschläge für Erwachsene, die für Menschen mit zu hohem Cholesterin nicht zu empfehlen sind, habe ich entsprechend gekennzeichnet.

Hätten Sie's gewusst?

Einfach ungesättigte Fette (»gute« Fette, wenn Sie einen zu hohen Cholesterinwert haben) sind in Olivenöl, Mandeln, Haselnüssen und Avocados enthalten.

Packen Sie eine
»Power-Lunchbox«

Kreativ werden!

Wie Kinder kulturell und religiös von ihren Eltern beeinflusst werden, so sind auch ihre Essgewohnheiten und Vorlieben geprägt von dem, was sie zu Hause erleben. Je vielfältiger Ihre Küche, desto größer die Bereitwilligkeit Ihrer Kinder, Neues zu probieren. Kleinere Kinder haben meistens eine begrenzte Anzahl von Lieblingsspeisen und sind damit zufrieden, diese immer wieder vorgesetzt zu bekommen. Größere Kinder sind aber durchaus bereit, mit ausgeprägteren Geschmacksrichtungen und einem vielseitigeren Speiseangebot zu experimentieren. Erwachsene hingegen langweilt es, immer wieder die gleichen Gerichte zu essen. Aber zum Glück gibt es reichlich Auswahl, und Ihrer Vorstellungskraft sind keine Grenzen gesetzt. Ich möchte Ihnen hier einige neue Ideen präsentieren; manche erscheinen vielleicht gewöhnungsbedürftig, aber sie sind einen Versuch wert!

Der erste Eindruck

Das alte Sprichwort, man sollte nie nach dem Äußeren urteilen, gilt ganz bestimmt nicht, wenn es ums Essen geht. Hier ist es gerade der erste Eindruck, der zählt. Also müssen wir bei der Zusammenstellung eines Lunchpakets einige Richtlinien beachten. Kinder lernen sehr früh, auf ein appetitliches Erscheinungsbild zu achten, und weigern sich oft, Speisen, die in ihren Augen wenig verlockend aussehen, auch nur zu kosten. Das Gleiche gilt für ihr Pausenbrot. Es ist daher sehr wichtig, den Inhalt der Pausenbox auch optisch immer wieder zu varrieren, auch wenn die meisten Grundzutaten gleich bleiben. Hier ein paar Tipps, wie Sie die Präsentation der Speisen jeden Tag ändern können.

- Ändern Sie die Form der Sandwiches. Es gibt heute eine Vielzahl von Brot- und Brötchenformen, so dass es nicht schwierig ist, Sandwiches immer wieder eine andere Form zu geben. Sie können das Brot auch einfach jeden Tag anders zuschneiden – heute zwei Rechtecke, morgen zwei Dreiecke, übermorgen vier Quadrate ...
- Nehmen Sie immer wieder andere Brotformen. Es gibt längliche Vollkornbrötchen, runde Semmeln, stangenfömige Kornspitze, halbmondförmige Croissants und last not least die klassische Scheibe Schwarzbrot. So bleibt es für Ihr Kind immer wieder spannend zu sehen, was in der Pausenbox steckt
- Wasser ist für eine ausgewogene Ernährung sehr wichtig. Ermutigen Sie Ihr Kind, mehr Wasser zu trinken, indem Sie ihm Wasser anstatt Saft mitgeben oder den Saft mit Wasser mischen.
- Geben Sie ruhig gelegentlich Saft im Tetrapack mit und an anderen Tagen selbst abgefüllten Saft in Flaschen. Obwohl der Saft der gleiche sein mag, ist somit die äußere Form immer wieder anders und aufregend. Im Sommer kann man Saft und Wasser über Nacht einfrieren und so in die Pausenbox geben. Das Getränk taut dann bis zur Pause auf und hält den Inhalt der Box zudem noch herrlich kühl und frisch.
- Wickeln Sie die Brote abwechselnd in durchsichtige Plastikfolie, Alufolie und Butterbrotpapier. Auspacken macht Spaß und neugierig auf den Inhalt des »Überraschungspakets«.
- Legen Sie an besonderen Tagen einen kleinen Zettel mit ein. Damit bauen Sie eine besondere Form der Kommunikation mit Ihrem Kind auf.
- Geben Sie eine kleine Portion eines High-Energy-Snacks mit in die Pausenbox, zum Beispiel Studentenfutter, Trockenobst oder selbst gemachte Dattelbällchen (siehe Seite 70).
- Packen Sie das Lunchpaket nach Möglichkeit am Abend vorher. Wickeln Sie die Sandwiches einzeln ein und stellen Sie das Ganze in einem luftdichten Behälter in den Kühlschrank.

Pitabrot mit Streifen von
gebratener Hähnchenbrust
(Standard-Lunchpaket 8, Seite 39)

Kindersandwichs mit verschiedenen Belägen *(Seite 28)*

Pitatasche mit Kartoffelsalat *(Sport-Lunchpaket 2, Seite 49)*

Croissant mit Schinken, Käse und Salat
(Standard-Lunchpaket 3, Seite 37)

Salatrolle mit Räucherlachs *(Seite 65, Variation)*

Tammys Knusperkekse *(Seite 68)*

Toast mit frischen Pflaumen, Himbeeren und Honig *(Seite 58)*

Fruchtspieße *(Seite 59)*

- Fügen Sie manchmal auch eine kleine Leckerei hinzu, um Ihrem Kind zu zeigen, dass Sie an es denken. Damit werden Sie Bonuspunkte einheimsen, besonders wenn der Inhalt der Pausenbox in den Tagen zuvor eher eintönig war! Solche Leckereien sollten jedoch trotzdem im Rahmen einer gesunden Ernährung bleiben. Geben Sie zum Beispiel ein mit Butter bestrichenes süßes Brötchen mit oder einen Bananenmuffin anstatt eines belegten Brotes. Auch ein mit geriebenem Käse gefülltes oder mit Erdbeerkonfitüre bestrichenes Croissant könnte ein besonderer Leckerbissen sein.

Beachten Sie diese Tipps, und Ihre Lunchpakete werden immer spannend und attraktiv sein. Der wichtigste Tipp für einen guten ersten Eindruck aber ist, die Form der Brote immer wieder zu ändern. Damit ist die Schlacht schon halb gewonnen!

ERNÄHRUNGSVIELFALT SCHAFFEN

Wichtig ist die Ausgewogenheit der Nährstoffe. Das ideale Lunchpaket sollte enthalten:

- Eiweiß
- Kohlenhydrate, die einen Großteil der Mahlzeit ausmachen sollen (dabei ist es aber wichtig, auch komplexe Kohlenhydrate anzubieten)
- Obst
- Wasser und/oder Obstsaft
- Gelegentliche Leckereien

Eiweißhaltige Snacks

Eiweiß oder Protein liefert genauso viel Energie wie Kohlenhydrate. Seine wichtigsten Funktionen sind aber Aufbau und Erneuerung der Körperzellen. Eine Mahlzeit mit Eiweiß wird den Blutzuckerwert länger konstant halten als eine solche ohne Eiweiß. Hier sind einige Ideen für eiweißreiche Snacks.

- Mini-Hähnchenkebabs
- Kaltes Fleisch um eine Essigurke, eine Spargelspitze oder ein Stück Cheddarkäse gewickelt
- Hähnchenpasteten (eine gute Alternative zu Sandwiches)
- Kalte Würstchen
- Kalte Rindfleischwürstchen in Scheibchen oder in portionsgerechte Stückchen geschnitten und in einen separaten Behälter gepackt
- Kalte panierte Hähnchenbrust, dünn geschnitten und in Alufolie gewickelt
- Ganze hart gekochte Eier
- Mini-Fleischbällchen (siehe Seite 71)
- Hähnchenschlegel
- Pökelfleisch und ähnliche Wurstsorten
- Nüsse; bieten Sie eine Auswahl, z. B Haselnüsse, Mandeln und Walnüsse

- Linsen und andere Hülsenfrüchte (enthalten sehr viel pflanzliches Eiweiß)
- Verschiedene Samen, zum Beispiel Sonnenblumenkerne, Sesam- oder Kürbiskerne, die alle sehr reich an pflanzlichem Eiweiß sind; sie enthalten auch wichtige Omega-Fettsäuren und Ballaststoffe
- Joghurt in kleinen Behältern mit Honig und Nüssen vermischt. Man kann aber auch Nüsse, Rosinen, Haferflocken oder andere Zutaten in separaten Behältern zum Selbermischen mitgeben.
- Kleine Portionen Früchtequark (Fruchtzwerge)
- Individuell abgepackte Käsestückchen. Sie können auch Käse mit einer Ausstechform in verschiedene Formen schneiden und die Reste gerieben als Sandwichbelag verwenden.

Kohlenhydrathaltige Snacks

Ein Großteil der Energie wird aus einfachen und komplexen Kohlenhydraten gewonnen. Alle Obst- und Gemüsesorten liefern einfache Kohlenhydrate. Jedes Lunchpaket sollte also einige der folgenden Zutaten enthalten:

- Kirschtomaten
- Frische Rohkoststäbchen, zum Beispiel aus Karotten, Stangensellerie, Babymaiskolben, Babygurken und roten und gelben Paprikaschoten, Rosenkohl
- Obst in jeder Form – frisch, getrocknet oder sogar als Natursaft

Einfache Kohlenhydrate sind reich an Vitaminen und Mineralstoffen, die der Körper benötigt, um seine volle Funktion aufrechtzuerhalten. Komplexe Kohlenhydrate andererseits sind in Vollkornsorten wie braunem Reis, Roggen, Hafer, Vollkornbrot, Pasta und Mais enthalten. Diese kann man in verschiedenen Formen beim Lunchpaket anbieten.

- Sandwiches aus Vollkorn- oder Roggenbrot mit verschiedenen Füllungen
- Vollkorngrissini und Hüttenkäse mit Schinken- und Essiggurkenstückchen
- Nudelsalat mit Thunfisch oder Hähnchen, Essiggurken, Salatgurke, Feta und Mayonnaise
- Nudelsalat mit kleinen Schweinswürstchen und gerösteten roten und gelben Paprikastückchen sowie Basilikumpesto
- Salat von braunem Reis (siehe Seite 53)
- Kartoffel (ganze, gebackene oder gekochte Babykartoffel oder Kartoffelsalat)

Hätten Sie's gewusst?

Weißes Mehl ist auch ein komplexes Kohlenhydrat. Es wird aber so verarbeitet, um seine weiße Farbe und die lockere Konsistenz zu erhalten, dass der Großteil der darin enthaltenen Nährstoffe verloren geht.

Der beste Weg, Blutzuckerwerte konstant zu halten, ist komplexe Kohlenhydrate mit kleinen Mengen Eiweiß zu kombinieren.

Obst

In ihrem Buch *Der natürliche Weg* bezeichnet Mary-Ann Shearer Obst als »das perfekteste aller Lebensmittel«, die »kompletteste Nahrung, die wir essen können«. Obst sei leicht verdaulich, enthalte in leicht zugänglicher Form alle Nährstoffe, die wir benötigen (Vitamine, Mineralstoffe, Eiweiß und Fett), und einfache Zuckerarten für schnell verfügbare Energie.

Frisches Obst sollte nach Möglichkeit in keinem Lunchpaket fehlen. Die Auswahl der Sorten werden Sie natürlich den Vorlieben Ihres Kindes anpassen. Versuchen Sie jedoch, etwas mehr Vielfalt hineinzubringen, und geben Sie anstatt der üblichen Banane oder des Apfels eine kleine Box mit in Scheiben geschnittenem Obst wie Kiwi, Birne oder Wassermelone, kernlosen Trauben oder Trockenobst mit. Ein Granatapfel, in zwei Hälften geschnitten und dann mit einem Gummiband wieder zusammengeheftet, ist eine außergewöhnliche Alternative, aber vergessen Sie nicht, einen Löffel mitzugeben.

Man kann auch Obst in Stücke schneiden und auf Schaschlikspieße stecken – leicht zu handhaben und optisch sehr ansprechend.

Wasser und/oder Fruchtsaft

Wasser ist und bleibt das Getränk unserer Wahl. Fruchtsäfte sollten nur als Ergänzung und nicht als Durstlöscher genossen werden. Kaufen Sie ausschließlich Fruchtsäfte ohne Zuckerzusatz und Konservierungsstoffe. Manche Marken enthalten Ascorbinsäure (Vitamin C) als natürliches Konservierungsmittel. Es werden viele verschiedene Sorten angeboten. Suchen Sie einen Hersteller, dem Sie vertrauen, und bleiben Sie bei diesen Produkten.

Leckereien

Leckereien sind genau das, was das Wort aussagt – Leckerbissen, kleine Belohnungen. Sie sollten nicht allzu oft angeboten werden, sonst wird Ihr Kind sie jeden Tag erwarten. An kleinen Leckereien bieten sich an:

- Bananen-Nuss- oder Haferflocken-Muffins
- Süße Rosinenbrötchen mit Butter
- Kleine Cocktailwürstchen im Schlafrock (wenn Sie diese morgens im Ofen backen und dann in Alufolie packen, sind sie zur Pause noch warm)
- Eine kleine Box mit Sonnenblumen- und Kürbiskernen oder frischen Beeren – Stachelbeeren, Himbeeren oder Erdbeeren
- Erdnuss-Rosinen-Küsschen
- Popcorn. Mit einer kleinen und preiswerten Popcornmaschine lässt sich diese Leckerei jederzeit frisch zubereiten. Luftdicht verpacken, sonst weicht das Popcorn auf.
- Selbst gemachte Kleiekekse (siehe Tammys Kekse auf Seite 68)
- Nusskrokant mit Honigglasur (siehe Seite 70)
- Haferknusperkekse
- Dattelbällchen (siehe Seite 70), sonnengetrocknete Feigen und frische Datteln

Sandwiches

Studien haben ergeben, dass das Sandwich, egal was die Pausenbox sonst noch enthalten mag, immer noch der wichtigste Bestandteil eines Lunchpakets ist. Egal in welcher Form, diese Kombination aus Brot und Belag liefert einen Großteil der Energie und die Substanz der Mahlzeit. Andere Bestandteile wie Obst decken den Bedarf an Ballaststoffen, Vitaminen und Mineralstoffen.

Heute gibt es eine solche Vielfalt an Brot- und Brötchensorten, dass ein Sandwich nie langweilig sein muss. Nutzen Sie die breite Palette an Produkten und verwenden Sie jeden Tag eine andere Brotsorte. Für berufstätige Mütter und solche, die nicht jeden Tag frisches Brot kaufen können, sind tiefgefrorene Brötchen eine praktische Lösung. Man kann sie direkt aus der Tiefkühltruhe in den Ofen geben, so dass frisches Brot jederzeit verfügbar ist.

Geht Ihnen das Brot einmal aus, können Sie auch auf Knäckebrotprodukte, Reiswaffeln oder Ähnliches ausweichen. Vollkorngrissini können als köstliche Knabberei zusätzlich angeboten werden.

Schneiden Sie größere Sandwichs immer in zwei Hälften. Denn wenn Ihr Kind nur eine Hälfte zur Pause isst, bleibt die andere Hälfte appetitlich und leidet nicht unter dem derben Zugriff von Kinderhänden. Ein halbes Sandwich lässt sich auch leichter nehmen und abbeißen als ein ganzes. Vollkorn-Pita oder Pitataschen und Vollkornmuffins runden das vielseitige Angebot ab. Verwenden Sie in der Regel Vollkornprodukte, aber geben Sie Ihrem Kind gelegentlich zur Abwechslung auch Croissants oder Rosinenbrötchen mit, denn wenn Ihr Kind ausschließlich Vollkornprodukte bekommt, könnte es eine lebenslange Abneigung dagegen entwickeln! Auch hier gilt es, das richtige Gleichgewicht zu finden.

Coole Sandwichbeläge

- Dünn geschnittene geräucherte Hähnchenbrust mit Gurke, grünem Salat und Mayonnaise
- Eine Brotscheibe mit Avocadopüree, mit etwas Zitronensaft vermischt, bestreichen, die andere mit Hüttenkäse. Zusammengelegt bieten sie eine interessante Farbkombination.
- Experimentieren Sie ruhig mit der großen Auswahl an Wurstsorten, die man heute beim Metzger findet. Probieren Sie neue Geschmackskombinationen aus, zum Beispiel mildes Chutney auf Roastbeef oder Meerrettich statt Mayonnaise auf Hähnchen oder Putenwurst.
- In Scheiben geschnittene Essiggurke gibt einem Sandwich mit Wurst und grünem Salat mehr Pfiff.
- Speck mit Gurke und Meerrettich bietet eine herzhafte Sandwichauflage.
- Grobkörniger Hüttenkäse mit gerösteten Sonnenblumenkernen, dünnen Scheiben Ananas und etwas Honig

- Klein geschnittene Salami mit fettreduziertem Frischkäse und Gurke
- Kross gebratener Speck mit Erdnussbutter
- Hüttenkäse mit etwas geriebener Karotte und einigen kernlosen Sultaninen vermischt. Rohe Karotten enthalten große Mengen Betacarotin (Vitamin A), wichtig für gesunde Haut und Augen. Roh verzehrt, reinigen Karotten auf sanfte natürliche Weise den Darm.
- Klein gehacktes gekochtes Ei mit Mayonnaise. Rühren Sie frische, gehackte Petersilie unter den Aufstrich. Diese ist reich an den Vitaminen A und C, und da sie roh gegessen wird, bleiben diese Nährstoffe voll erhalten.
- Thunfisch aus der Dose, gemischt mit fein geschnittenen Tomaten und Avocados, dazu Mayonnais
- Gedämpfte oder geröstete Kohlrabi, püriert als Aufstrich mit Hähnchen oder Avocado

Weitere Möglichkeiten sind Erdnussbutter und Brotaufstriche mit Fisch, Fleisch oder Gemüse. Manches davon gibt es auch als Fertigprodukt im Reformhaus. Ansonsten kann man solche Brotaufstriche leicht selbst zubereiten. Man kann sie gut auf Vorrat halten und regelmäßig für die verschiedensten Lunchpakete verwenden, denn gut gekühlt halten sie sich einige Tage.

Manche Kinder mögen keine Sandwiches. Damit diese Kinder trotzdem ihr Lunchpaket essen, können Sie das Brot weglassen und die verschiedenen Füllungen in kleine Behälter füllen und eine Gabel oder einen Löffel mitgeben. Oder bieten Sie einfach Knäckebrot als Alternative zum traditionellen Brot an.

Wickeln Sie Sandwiches mit feuchter Füllung zuerst in Butterbrotpapier, bevor Sie diese in die Pausenbox geben. Es ist auch von Vorteil, jede Hälfte eines Sandwichs einzeln zu verpacken. So bleiben sie besser in Form, der Aufstrich wird nicht so herausgequetscht und die Sandwiches bleiben länger frisch.

TIPS

Bei Füllungen mit Hüttenkäse, Avocado, Mayonnaise oder Ähnlichem ist es nicht notwendig, das Brot mit Margarine oder Butter zu bestreichen.

Neigen Sie zu Pilzinfektionen, achten Sie darauf, dass Sie weniger Brot und hefehaltige Aufstriche zu sich nehmen, da Hefe Pilzinfektionen begünstigen kann. Wählen Sie stattdessen ungesäuertes Brot, Reiswaffeln, Pfannkuchen oder andere Alternativen.

Um Sandwiches interessanter zu gestalten, stechen Sie mit Ausstechformen Figuren aus dem Brot.

Coole Lunchboxes

Gut organisiert

Als Kind habe ich immer die »schlaue« Speisekammer und den »schlauen« Kühlschrank meiner Mutter bewundert. Sie konnte innerhalb von Minuten die leckersten Snacks zaubern, wenn Gäste ohne Vorwarnung auf ein Glas Wein vorbeischauten oder wenn Leute zum Nachmittagstee eingeladen waren und zur Cocktailstunde noch da waren. Und wir Kinder durften natürlich helfen, diese Snacks vorzubereiten.

Erst Jahre später erkannte ich, dass nicht die Speisekammer schlau war, sondern meine Mutter! Zu sagen, sie hätte eine »gut organisierte Küche« gehabt, wäre eine grobe Untertreibung! Diese Frau hatte den gesamten Inhalt ihrer riesigen Tiefkühltruhe genauestens geordnet und mit Datum beschriftet. Wenn Sie etwas herausnahm, wurde die Entnahme vermerkt und der Artikel auf die Einkaufsliste gesetzt. Von ihr habe ich gelernt, dass das Leben viel stressfreier ist, wenn man ein paar Regeln beachtet – in diesem Fall die Küche gut organisiert.

Fangen Sie damit an, indem Sie in Ihrer Speisekammer oder im Lebensmittelschrank einen eigenen Bereich schaffen für die Lunchpaketzutaten. Sie brauchen einige kleine Behälter in verschiedenen Formaten, Plastiklöffel und/oder -gabeln und bunte Papierservietten. Wählen Sie auch die Pausenbox sorgfältig aus. Sie muss groß genug sein, um aufzunehmen, was Sie Ihrem Kind mitgeben wollen, ohne dass die Speisen zerdrückt werden, und tief genug für ein paar kleine Behälter mit Leckereien.

Anschließend können Sie darangehen, eine »schlaue« Speisekammer zu schaffen. Halten Sie ein paar der umstehend aufgelisteten Artikel vorrätig. Manche müssen kühl aufbewahrt werden, also wird Ihr Kühlschrank auch »schlau« werden.

Was in die »schlaue Speisekammer« gehört

- **Behälter.** Schaffen Sie einen Vorrat an Behältern in verschiedenen Größen und Formen an.
- Leichte **Alufolie**
- **Butterbrotpapier**
- Abreißbare **Plastikfolie**
- Wiederverwendbare **Plastikbeutel** mit Reißverschluss
- Bunte **Papierservietten**
- **Plastiklöffel, -gabeln und -messer**
- **Grissini-Stangen**. Es ist eine Vielzahl von Sorten auf dem Markt. Wählen Sie möglichst Sesam- oder Vollkornstangen.
- **Käsestangen.** Dekadent, aber zwischendurch sind sie eine köstliche Leckerei.
- **Knäckebrot.** Es sind viele verschiedene Sorten erhältlich, auch solche aus Vollkorn. Ein großartiger Ersatz für Brot, wenn Sie am Sonntagabend feststellen, dass kein frisches Brot mehr da ist für die Lunchpakete am nächsten Tag.
- Tiefgefrorene **Brötchen** zum Aufbacken
- Brauner **Reis** und **Pasta**. Wählen Sie Pastaformen, die man leicht mit einer Gabel essen kann.
- **Nüsse.** Schaffen Sie sich einen Vorrat an verschiedenen Nüssen an, wie Mandeln, Wal-, Hasel- und Erdnüsse mit roter Haut, die einen hohen Ballaststoffgehalt aufweisen. Backen Sie Nussknusperschnittchen mit Honig (s. Seite. 70).
- Couscous und Reisnudeln
- **Würzmittel.** Halten Sie verschiedene Sorten vorrätig, zum Beispiel grobkörnigen Senf, Meerrettichsauce und Fruchtpickles. Auch Pesto (mit Basilikum oder getrockneten Tomaten) sollte nicht fehlen. Man muss Pesto erst nach dem Öffnen kalt stellen, und er schmeckt wunderbar in Nudelsalaten.
- **Thunfisch** und **Lachs** in Dosen
- Kalt gepresstes **Olivenöl**
- **Kräuter,** am besten selbst gezogen
- Eine Auswahl an frischen **Käsesorten**, in Keilform geschnitten. Als Alternative schneiden Sie Cheddar in kleine Stücke und wickeln Sie diese in Butterbrotpapier und Frischhaltefolie.
- **Obstprodukte.** Getrocknete Früchte, Rosinen, Korinthen – die Auswahl ist groß.
- Kaufen Sie einmal in der Woche frisches **Obst** und **Gemüse** und nach Belieben **Fleischwaren**.
- Entwickeln Sie die richtige »Lunchpaket-Mentalität«. Achten Sie beim Einkaufen auf neue Ideen für schnelle Lunchpakete.

Sehen Sie die Vorbereitung der Lunchpakete mit neuen Augen. Experimentieren Sie nach Belieben. Lassen Sie die Kinder dabei helfen. Und vor allem, genießen Sie es! Achten Sie auf neue Rezepte und Verpackungsideen in Zeitschriften. Organisieren Sie sich! Es wird Ihnen das Leben leichter machen.

Allergien und Ersatzmöglichkeiten

Eine erstaunliche Anzahl von Menschen, Erwachsene wie Kinder, leiden unter Allergien oder Unverträglichkeiten. Es würde zu weit führen, hier auf alle einzugehen, deswegen habe ich mich auf die zwei häufigsten Lebensmittelallergien konzentriert, nämlich Weizen- und Laktoseunverträglichkeit, dazu einen Abschnitt über Nussallergien hinzugefügt.

Richtige Allergien sind viel ernster zu nehmen als eine Unverträglichkeit gegenüber einem bestimmten Lebensmittel, da sie eine sofortige Reaktion auslösen. Menschen mit Allergien wissen in den meisten Fällen, was sie essen dürfen und was nicht, da es relativ leicht ist, den »Übeltäter« ausfindig zu machen. Mit Unverträglichkeiten umzugehen, ist viel schwieriger, da die Symptome oft erst auftreten, wenn sich eine gewisse Menge an Reizen aufgestaut hat.

Läuft Ihrem Kind ständig die Nase, scheint es nie ganz gesund zu sein, hat es wenig Appetit, ist es lethargisch oder treten Hautprobleme wie Ekzeme auf, und haben Sie alle nahe liegenden medizinischen Ursachen bereits ausgeschlossen, sollten Sie untersuchen lassen, ob es weizen- oder laktoseunverträglich ist, was bei Kindern häufig vorkommt.

Suchen Sie nach Alternativen (einige habe ich aufgelistet) und verwenden Sie vermehrt Zutaten, die Ihr Kind besser verträgt. Machen Sie sich eine Liste mit anderen Optionen, und Sie werden sehen, wie leicht es sein kann, leckere Lunchpakete vorzubereiten.

Weizenunverträglichkeit

Weizenunverträglichkeit ist meist eine Reaktion auf Gluten, das im Weizen enthaltene Protein. Nachstehend finden Sie eine Liste mit Produkten, die wenig Gluten enthalten oder glutenfrei sind. Und denken Sie daran: Lieber reduzieren als ganz aus dem Speiseplan verbannen. Folgende Produkte können als Ersatz für Weizenprodukte dienen.

- **Cerealien:** Hafer, Müsli, Polenta, Maismehl, Hirse
- **Brot:** Roggenbrot und Brote aus Buchweizenmehl, Pumpernickel und Brote wie Naanbrot und Roti oder Burritos
- **Pasta:** Pasta aus Mais und Reis- oder Buchweizennudeln
- **Süßigkeiten:** Kuchen aus Hafermehl, Shortbread-Kekse aus Stärkemehl oder weizenmehlfreie Muffins
- **Alternativen:** Maismehl, Reismehl, Gerstenmehl, Stärkemehl, Kartoffelmehl, Roggenmehl, Buchweizenmehl

Hätten Sie's gewusst?

Manche Menschen vertragen auch kein Roggen- oder Hafermehl. Experimentieren Sie mit den Lunchpaket-Menüs, um festzustellen, ob Ihr Kind diese Zutaten verträgt.

Laktoseintoleranz

Laktose ist Milchzucker. Manche Menschen sind gegen Kuhmilch allergisch oder meiden Milchprodukte, weil diese bei ihnen zu vermehrter Schleimbildung führen. Im Allgemeinen bin ich nicht dafür, bestimmte Lebensmittel ganz aus dem Speiseplan zu entfernen, weil dies manchmal nur geschieht, weil es gerade Mode ist. Es ist wie immer alles eine Frage des Gleichgewichts. Jeder Mensch verträgt verschiedene Lebensmittel in unterschiedlichen Mengen. Dies gilt auch für Milchprodukte. Da manchmal nur eine leicht erhöhte Schleimbildung auftritt, sollte jeder prüfen, wie viel Milch er verträgt, statt Milchprodukte ganz zu streichen.

Wenn Sie aber ganz auf Milchprodukte verzichten müssen, brauchen sie andere Kalzium- und Eiweißquellen. Hier ein paar Alternativen:

Milch: Sojamilch ist die häufigste Alternative. Reismilch oder Hafermilch sind aber in den meisten Reformhäusern ebenso erhältlich.

Käse: Tofu ist ein eiweißreiches Produkt aus Sojabohnen, das vielseitig verwendbar ist.

Butter: Olivenöl oder Margarine

Kalzium: Kalziumreiche Nahrungsmittel sind zum Beispiel Nüsse, insbesondere Mandeln, Hasel- und Cashewnüsse, getrocknete Früchte wie Aprikosen, Feigen und Pfirsiche; dunkelgrüne Gemüsesorten wie Brokkoli, Rosenkohl oder dunkelblättriges Gemüse wie Spinat.

Hätten Sie's gewusst?

Viele Kinder, die Milch nicht vertragen, können problemlos Joghurt essen, da der Laktosegehalt hier schon zum Teil umgewandelt worden ist, was den Joghurt für Laktoseallergiker leichter verdaulich macht.

Butter ist viel gesünder, als man uns früher glauben machte. Die meisten Menschen – sogar Kinder – vertragen Butter auch bei Laktoseintoleranz.

Nussallergien

Allergien gegen Nüsse, einst so gut wie unbekannt, treten heutzutage häufiger auf. Die meisten Hersteller sind bereits im Herkunftsland gesetzlich verpflichtet, auf der Packung anzugeben, ob das jeweilige Produkt Nüsse enthält oder nicht. Sie müssen oft sogar einen Warnhinweis auf der Verpackung eines Produktes drucken, wenn Nüsse nur in der gleichen Fabrik verarbeitet werden. Es handelt sich hier um eine sehr ernst zu nehmende Allergie, auf die auch Lehrer und Arbeitskollegen aufmerksam gemacht werden sollten.

Wenn Sie oder Ihr Kind an einer Nussallergie leiden, verwenden Sie statt der nusshaltigen Snacks zum Beispiel Trockenobst.

Allgemeine Lunchboxzusammenstellungen

In diesem Abschnitt habe ich verschiedene Menüvorschläge gesammelt, die Sie entweder unverändert übernehmen oder besonders leicht Ihren individuellen Vorlieben, dem kulturellen Hintergrund und den Lebensmittelverträglichkeiten Ihres Kindes anpassen können. Die verwendeten Zutaten sind sehr einfach und sollten eigentlich Kindern jeden Alters schmecken.

Sie können die einzelnen Komponenten eines jeden Menüs beliebig austauschen. Enthält ein Menü etwas, das Ihr Kind nicht mag, das Sie in Ihrer Familie nicht verwenden oder das Ihr Kind nicht verträgt, so tauschen Sie es einfach gegen eine der auf Seite 25–27 genannten Alternativen aus. Die Menüs haben auch alle die gleiche Grundzusammenstellung und können je nach Verfügbarkeit der Zutaten oder nach Vorlieben variiert werden.

Für jedes Lunchpaket habe ich auch eine vegetarische Option angeboten. Damit will ich Ihnen nichts vorschreiben, sondern lediglich zeigen, wie verschieden Lunchpakete sein können, obwohl sie den gleichen vorher beschriebenen Grundsätzen entsprechend zusammengestellt wurden. Weitere Möglichkeiten erhält man auch, indem man einfach einen anderen Sandwichbelag wählt. Es gibt viele Varianten, mit denen Sie experimentieren können.

Bei manchen Menüs schlage ich eine bestimmte Portionsgröße vor. Die Portionen sollen und müssen aber dem Alter und dem Appetit Ihres Kindes angepasst werden. Wenn das Kind älter wird, bieten Sie einfach größere Portionen an.

Das Lunchpaket ist nur ein Teil der Ernährung Ihres Kindes und nicht dazu gedacht, das Frühstück zu ersetzen. Für Menschen, die sehr früh aufstehen oder einfach keine Lust haben, so früh am Morgen zu essen, könnten ein selbst gemachter Zwieback mit Tee oder ein Obst-Smoothie eine Alternative sein. Weitere Details finden Sie auf den Seiten 68–71.

TIPS

Bereiten Sie die Lunchpakete nicht am Morgen vor der Schule zu. Meistens wird Ihnen hier die Zeit fehlen, um kreativ zu sein. Packen Sie das Lunchpaket lieber am Vorabend und stellen Sie es über Nacht in den Kühlschrank.

Lassen Sie Ihre Kinder bei der Zubereitung ihrer Lunchpakete helfen. Nehmen Sie dieses Buch zur Hand, um den Kindern die Grundlagen zu erklären, und bereiten Sie einige der Menüvorschläge zusammen mit Ihren Kindern vor. Dann dürfen sie einige der empfohlenen Variationen ausprobieren. Es könnte sein, dass Ihre Familie Ihnen diese Arbeit bald abnehmen wird!

Standard-Lunchpaket 1

- Fertigback-Mehrkornbrötchen belegt mit Chutney/mildem Senf/Meerrettich, grünem Salat und dünnen Roastbeefscheiben
- Kleine Portion Joghurt, nach Belieben mit Frucht (Löffel nicht vergessen)
- Obst: Kleine Behälter mit getrockneten Birnen, getrocknete Obstschnitte oder Kiwischeiben
- Wasser und/oder Saft
- **Vegetarische Option:** Nehmen Sie statt Roastbeef Ziegenkäse mit Salatgurke.

Hätten Sie's gewusst?

Mehrkornprodukte, bei denen mehrere andere Getreidearten oder Kerne hinzugefügt werden, werden immer öfter angeboten. Bei Weizenvollkornbroten handelt es sich immer um Produkte auf Weizenbasis, Vollkornmehl wird bei Brotprodukten wie Roggen- und Haferbrot verwendet.

TIPS

Für kleinere Kinder nehmen Sie ein flaches, weiches Brötchen und schneiden das Roastbeef in Streifen.

Kaufen Sie gut durchgebratenes Roastbeef. Die »englische« Variante färbt das Brot rosa, was Ihr Kind möglicherweise unappetitlich findet.

Rollen Sie die Roastbeefscheiben ein, bevor Sie sie in das Brötchen legen.

Standard-Lunchpaket 2

- Nudelsalat (Pasta, Thunfisch aus der Dose, Tomatenwürfel, Avocado, Petersilie und Mayonnaise – Löffel/Gabel nicht vergessen!)
- 4 Scheiben leicht bestrichenes Vollkornknäckebrot (in Butterbrotpapier wickeln und dann in eine Sandwichtüte packen)
- 2 Sesamgrissini (in der Mitte durchbrechen, damit sie in die Pausenbox passen)
- 1 Stück Cheddar oder ein anderer Hartkäse
- Obst: Banane, einige Weintrauben und/oder eine feste Birne
- Wasser und/oder Saft
- **Vegetarische Option:** Nehmen Sie anstatt Thunfisch hart gekochtes Ei oder Mozzarella-Scheiben und statt Petersilie frisches Basilikum.

TIP

Wenn Sie Ihrem Kind einen Löffel mitgeben müssen, wickeln Sie ihn in eine bunte Papierserviette. Nicht nur praktisch, hat auch einen festlichen Touch.

Dattelbällchen *(Seite 70)*

Bananen-Smoothie *(Seite 69)*

Brötchen mit Hähnchenbrust, Mango und Himbeeren *(Standard-Lunchbox 7, Seite 39)*

Melone und Parmaschinken *(Seite 59)*

Salat von braunem Reis

(Sport-Lunchpaket 10, Seite 53)

Gemüse und Rohkost, in verschiedenen Formen ausgestochen
(Vegetarisches Lunchpaket 4, Seite 42)

Rote-Bete-Satat mit Rucola, grünen Bohnen und Brokkoli
(Vegetarisches Lunchpaket 2, Seite 41)

Knäckebrot mit einem Brotaufstrich von Roten Beten *(Vegetarisches Lunchpaket 6, Seite 43)*

Standard-Lunchpaket 3

- Croissant mit grobkörnigem Senf oder Mayonnaise bestrichen, mit einigen Scheiben von kaltem Schinken, Salatblättern und geriebenem Käse oder Mozzarella-Scheiben belegt
- Rohe Babykarotten, gewaschen, aber nicht geschält
- Kleiner Behälter mit Erdnüssen und kernlosen Rosinen oder Korinthen
- Obst: Ein Apfel, ganz oder in Scheiben, einige Stücke Wassermelone in einer separaten Box
- Wasser und/oder Saft
- **Vegetarische Option:** Lassen Sie den Schinken weg und bestreichen Sie das Croissant dünn mit festem Honig oder Erdbeerkonfitüre.

TIPS

Denken Sie daran, unbedingt frisches Obst und Gemüse als Ballaststoffquelle mitzugeben, wenn Sie weißes Brot nehmen.

Croissant in Butterbrotpapier wickeln und dann zum Frischhalten in eine Plastiktüte legen.

Feste Honigsorten weichen das Brot weniger auf als traditionelle dünnflüssige Sorten. Sie kristallisieren auch weniger.

Für Sandwichs entfernen Sie die Tomatenkerne und verwenden nur das Fruchtfleisch!

Standard-Lunchpaket 4

- Vollkornbrötchen mit Erdnussbutter
- Kleiner Behälter mit Fruchtjoghurt (Löffel nicht vergessen!)
- Kleiner Behälter mit Rauchfleisch oder Hartwurst (Salami, Chorizo oder Cabanossi)
- Gurkenspalten
- Obst: Ein kleiner Fruchtspieß mit Früchten der Saison, z. B. Cantaloupe-Melone, rote Trauben und Pfirsichstücke oder Apfel, Banane und Mandarinenspalten
- Wasser und/oder Saft
- **Vegetarische Option:** Staat der Wurst nehmen Sie mit Hummus, Tomatenscheiben (entkernt) und Sojasprossen belegtes Brot.

TIPS

Bei Nussallergie kann man statt Erdnussbutter jeden geeigneten eiweißhaltigen Aufstrich wie Leber- oder Mettwurst nehmen.

Denken Sie bei der Auswahl des Obstes an eine ansprechende Farbkombination.

Hätten Sie's gewusst?

Kaufen Sie ruhig einmal exotische Früchte, wenn sie erhältlich sind. Guaven z. B. enthalten mehr Vitamin C als Zitrusfrüchte.

Standard-Lunchpaket 5

- Rosinenbrötchen mit Butter
- Gebratener Hähnchenschlegel
- Einige Cocktailtomaten
- Rohe Babykarotten, gewaschen, ungeschält
- Gurkenspalten
- Obst: Kleine Portion Obstsalat aus frischem Obst (Löffel nicht vergessen!)
- Wasser und/oder Saft
- **Vegetarische Option:** Nehmen Sie statt Hähnchen einen Couscous-Obst-Salat (siehe Vegetarisches Lunchpaket 1 auf Seite 41) und geben Sie statt Obst dann Joghurt mit.

TIP

Braten Sie stets mehrere Hähnchenschlegel. Was nicht sofort verbraucht wird, frieren Sie ein. Im Allgemeinen sollte man Hähnchenfleisch nach sechs Stunden im ungekühlten Zustand nicht mehr verzehren. Halten Sie dieses Fleisch also auch in der Lunchbox kühl – z. B. durch ein gefrorenes Getränk – und »recyceln« Sie niemals Hähnchenreste, die Ihr Kind wieder mit nach Hause bringt.

Hätten Sie's gewusst?

Rosinen enthalten sehr viel Eisen, wichtig für gesundes Blut, sowie konzentrierte Fruchtzuckerarten für mehr Energie.

Standard-Lunchpaket 6

- Hotdog-Brötchen (ja, weißes Brot!) mit knackigen Salatblättern, Speck und Tomate (entkernt) belegt. Bestreichen Sie das Brot mit Sahnemeerrettich statt mit Butter.
- Rohe Babykarotten – gewaschen, ungeschält
- Gurkenspalten
- Kleine Behälter mit Joghurt, Honig und Nüssen (Löffel nicht vergessen!)
- Obst: Trockenobstriegel
- Wasser und/oder Saft
- **Vegetarische Option:** Nehmen Sie leicht angebratene Tofuscheiben statt Speck.

TIP

Anstatt Karotten oder Gurkenspalten einfach in Plastiktüten zu verpacken, binden Sie diese mit Bast zu Sträußchen.

Hätten Sie's gewusst?

Obwohl Weizenvollkornprodukte vorzuziehen sind, kann man durchaus gelegentlich eine Scheibe normales Weißbrot essen, da es genügend Kohlenhydrate enthält und sowohl der Mahlzeit Substanz verleiht als auch Energie liefert.
Denken Sie aber daran, Ihrem Kind ballaststoffreiche Zutaten wie rohe Karotten und frisches oder getrocknetes Obst mitzugeben, wenn Sie Weißbrot verwenden. Die gelegentliche Verwendung von Weißbrot macht Lunchpakete vielfältiger.

Standard-Lunchpaket 7

- Käsebrötchen oder Käsestange mit Butter. Mit geräucherter Hähnchenbrust und einigen Mangoscheiben belegen. Pesto mit etwas Mayonnaise oder Joghurt vermischen und als Dressing verwenden. Nach Geschmack ein paar Sojasprossen hinzufügen.
- Eine kleine Tüte selbst gemachtes Popcorn in einem luftdichten Behälter oder einer dicht schließenden Plastiktüte
- Obst: Apfel, Banane und ein kleiner Behälter mit kernlosen Rosinen oder Korinthen
- Wasser und/oder Saft
- **Vegetarische Option:** Hähnchenfleisch weglassen und durch einen Gemüsespieß ersetzen. Dazu Cocktailtomaten, einige Feta-Würfel und Stücke von Staudensellerie mit Basilikumblättern getrennt auf einen Schaschlikspieß aufreihen.

Standard-Lunchpaket 8

- Pitabrot, mit Streifen von gebratener Hähnchenbrust ohne Haut oder geräucherter Putenbrust, klein geschnittenen getrockneten Aprikosen, Petersilie und Streifen von Salatblättern gefüllt. Zutaten mit etwas Zaziki binden. Pita in Butterbrotpapier wickeln und dann in eine verschließbare Plastiktüte packen.
- Einige Haferknusperplätzchen
- Obst: Orange, geschält und in Spalten geschnitten, Mandarine oder Clementine oder ein paar rote kernlose Trauben
- Wasser und/oder Saft
- **Vegetarische Option:** Nehmen Sie statt Geflügelfleisch geriebenen Cheddar oder Gouda, Gurkenscheiben und frische Salatblätter. Mit etwas Remoulade, Mayonnaise oder Crème fraîche garnieren.

Hätten Sie's gewusst?

Popcorn liefert viel Energie und nicht lösliche Ballaststoffe. Mit dem Heißluft-Popcorn-Maker bereiten Sie in wenigen Minuten eine Portion zu, und das ganz ohne Fett. Diese praktischen Geräte sind für wenige Euro zu haben.

TIP

Um Orangen in mundgerechte Spalten zu zerlegen, schneiden Sie mit einem scharfen Messer am oberen Ende der Frucht einen Deckel ab. Dann schneiden Sie Streifen für Streifen die Schale so ab, dass die Haut der Spalten noch mit abgeschnitten wird. Schneiden Sie nun entlang der dünnen Trennhäute die einzelnen Spalten aus der Frucht und pressen Sie den Rest mit der Hand aus.

Standard-Lunchpaket 9

- Weizenvollkornbrötchen, mit Schinken oder Putenfleisch, grünem Salat und geriebenem Emmentaler belegt
- Kleine Box mit getrockneten Aprikosen
- Obst: Kleine Box mit frischen Erdbeeren
- Wasser und/oder Saft
- **Vegetarische Option:** Nehmen Sie statt Schinken oder Putenfleisch zerdrückte Avocado, verrührt mit Zitronensaft, etwas Meersalz und schwarzem Pfeffer, und belegen Sie das Ganze mit Scheiben von hart gekochtem Ei.

TIPS

Als Lunchpaket fürs Büro können Sie diesen Vorschlag als offenes Sandwich vorbereiten. Geben Sie die Avocadomischung und das harte Ei in eine separate Box und belegen Sie das Brot erst kurz vor dem Verzehr. Schmeckt auch gut auf Roggenbrot.

Anstatt den Käse zu reiben, schneiden Sie schmale Streifen mit einem Kartoffelschäler. Mit diesen »Käsespänen« belegt, sieht dieses Brot sehr appetitlich aus.

Hätten Sie's gewusst?

Die Avocado ist ein wahres Wunder der Natur. Sie steckt voller Vitamine und Mineralstoffen, enthält zudem alle wichtigen Aminosäuren und Omega-Fettsäuren, die unser Körper braucht.

Standard-Lunchpaket 10

- Weizenvollkornbrötchen oder Roggenbrot, mit festem Honig und einem pikanten Brotaufstrich bestrichen
- Spießchen mit kleinen Tomatenwürfeln oder Cocktailtomaten, Gewürzgurke, Käse und Röllchen von gekochtem Schinken oder Putenwurst. Natürlich ist auch jede andere Schinkensorte geeignet. Bitte beachten Sie, dass Spieße nicht für Kinder unter 4 Jahren geeignet sind.
- Rohe Babykarotten – gewaschen, aber nicht geschält
- Reiswaffel mit einem Klecks Joghurt und Honig
- Obst: Box mit in Scheiben geschnittener Papaya oder einem Obst der Saison
- Wasser und/oder Saft
- **Vegetarische Option:** Wurst oder Fleisch weglassen, dafür eine kleine Box mit einigen Cashewnüssen mitgeben.

Hätten Sie's gewusst?

Wenn Ihr Kind unter Verdauungsstörungen, Blähungen oder Verstopfung leidet, wirkt der regelmäßige Verzehr von Papaya wahre Wunder. Die Papaya enthält Enzyme, welche die Nährstoffaufnahme beschleunigen und die Verdauung fördern.

Vegetarische Lunchpakete

Vegetarier teilen sich in zwei Hauptgruppen. Ovo-Lakto-Vegetarier, die auch Milchprodukte und Eier essen, sowie Veganer, die sich nur von Pflanzen ernähren.

Auch eine vegetarische Ernährung bietet noch eine große Auswahl an Lebensmitteln, während die Optionen für Veganer viel begrenzter sind. Da diese weder Milchprodukte noch Eier essen, sollten sie ihre Ernährung mit Multivitaminen und einer Mineralstoffkombination mit den Vitaminen D und B_{12} ergänzen. Die Vorschläge für Lunchpakete auf den Seiten 36–40 enthalten alle eine vegetarische Variante, aber hier sind weitere Ideen, die Erwachsenen und Kindern gleichermaßen schmecken werden.

Vegetarisches Lunchpaket 1

- Couscous mit klein geschnittenen frischen Früchten. Bereiten Sie den Couscous mit erwärmtem Apfelsaft zu und fügen Sie verschiedene Fruchtstückchen hinzu. Geben Sie einen kleinen Behälter Joghurt mit Honig und einen Löffel mit.
- Kleiner Behälter mit rohen Mandeln oder rohen gemischten Nüssen
- Wasser (Saft wurde schon bei der Zubereitung des Couscous verwendet)
- **Option für Veganer:** Auf Joghurt und Honig verzichten.

TIP

Couscous ist vorgegarter und wieder getrockneter Grieß. Wenn Sie keine Weizenprodukte vertragen, nehmen Sie stattdessen einige Scheiben weizenfreies Roggenbrot, mit Butter bestrichen.

Vegetarisches Lunchpaket 2

- Rote-Bete-Salat, mit Rucola, gedünsteten grünen Bohnen oder Brokkoli oder grünem Spargel (oder einer Kombination aus allen dreien) gemischt. Zwiebelringe oder Frühlingszwiebeln hinzufügen und das Ganze mit zerkrümeltem Ziegenkäse oder Hüttenkäse bestreuen.
- Krustenbrötchen mit Butter
- Obst: Trockenobstriegel oder eine kleine Box mit getrockneten Pflaumen
- Wasser und/oder Saft
- **Option für Veganer:** Statt Käse geröstete Sesam- und Sonnenblumenkerne nehmen.

TIP

Wenn der Salat nicht sofort gegessen werden soll, packen Sie den Käse separat ein und fügen ihn kurz vor dem Essen hinzu. Ich selbst esse diesen Salat gerne mit Olivenöl beträufelt.

Vegetarisches Lunchpaket 3

- Salat aus Pilzen und grünem Spargel. Dazu kleine weiße Champignons in eine Marinade aus Olivenöl, Knoblauch, Zitronen- oder Limettensaft und etwas Dijonsenf legen, während Sie den Spargel zubereiten. Spargelstangen zwei Minuten lang kochen und anschließend kurz in Eiswasser tauchen. Rucolablätter und/oder Brunnenkresse mit dem Spargel und den Pilzen vermischen. Einige Streifen roten und gelben Paprika hinzufügen. Gabel nicht vergessen!
- Mehrkornbrötchen mit Butter
- Stück Bergkäse
- Obst: Banane und Orange, Mandarine oder Clementine
- Wasser und/oder Saft
- **Option für Veganer:** Käse und Butter weglassen.

TIPS

Die Marinade für die Pilze eignet sich auch gut als Salatdressing. Bereiten Sie also ruhig eine größere Menge davon. Im Kühlschrank aufbewahren.

Das gilt auch für die marinierten Champignons. Diese halten sich im Kühlschrank bis zu drei Tage und schmecken auch als Teil einer Vorspeisenplatte.

Vegetarisches Lunchpaket 4

- In verschiedenen Formen geschnittenes Gemüse und Rohkost
- Kleiner Behälter mit Hüttenkäse als Dip. Verrühren Sie den Hüttenkäse mit etwas Salz, Pfeffer und Curry.
- 3 Sesamgrissini
- Obst: Eine Birne oder ein Apfel
- Wasser und/oder Saft
- **Option für Veganer:** Nehmen Sie statt Hüttenkäse Hummus, ein orientalisches Kichererbsenpüree, als Dip für die Rohkost.

TIPS

Frisches Gemüse, als Fingerfood zugeschnitten und mit einem leckeren Dip dazu, ist ein delikater Snack.

Man kann die Rohkost auch noch verfeinern. Schneiden Sie frisch gekochte Rote Bete in dicke Scheiben und stechen Sie daraus Formen. Wenn es die Umstände erlauben, kann man einen Tupfer Hüttenkäse auf jedes Stück Gemüse setzen und sie dann mit Salz und frisch gemahlenem schwarzen Pfeffer bestreuen.

Gemüsefiguren, Rohkost und Hüttenkäse nicht zusammen, sondern in getrennten Behältern aufbewahren.

Vegetarisches Lunchpaket 5

- Tortilla (selbst gemacht oder Fertigprodukt) mit Krautsalat. Füllung aus Kraut- oder Blattsalatstreifen, geraspelter Karotte, gerösteten Sonnenblumenkernen, Pekannüssen und einigen kernlosen Rosinen zubereiten. Mit Mayonnaise oder Joghurt binden und nach Geschmack würzen. Rote oder gelbe Paprikastreifen nach Wunsch hinzufügen. Füllung auf die untere Hälfte der Tortilla geben. Unteres Ende der Tortilla über die Füllung schlagen, linke Seite des Wraps bis zur Mitte einklappen. Rechte Seite bis an den Rand der linken Seite einklappen.
- Obst: Einige Trauben
- Wasser und/oder Saft
- **Option für Veganer:** Mayonnaise oder Joghurt weglassen.

TIP

Anstelle der Tortilla können Sie auch Pitabrot oder einen ungesüßten kalten Pfannkuchen für den Wrap verwenden.

Vegetarisches Lunchpaket 6

- Vollkornknäckebrot
- Brotaufstrich nach Wahl, Fertigprodukt (Plastikmesser mitgeben)
- Einige Cornichons
- Einige Cocktailtomaten
- Einige eingelegte Maiskölbchen
- Eine Selleriestange
- Kleines Stück Gouda
- Obst: Nektarine oder Pfirsich
- Wasser und/oder Saft
- **Option für Veganer:** Käse weglassen.

TIPS

Dies ist eine Version für den Montag und für Tage, an denen die Zeit für die Zubereitung eines aufwänigeren Lunchpakets fehlt. Es sind viele gute Brotaufstriche auf dem Markt erhältlich. Probieren Sie solche mit geröstetem Gemüse oder Pilzen. Eine kleine Portion in einer Box mitgeben und das Knäckebrot kurz vor dem Verzehr damit bestreichen.

Vegetarisches Lunchpaket 7

- Gefüllte Champignons. Einige Radieschen und Frühlingszwiebeln waschen, grob hacken und mit gerösteten Sonnenblumenkernen und Sultaninen vermischen. Hüttenkäse dazugeben, alles verrühren und mit Salz, Pfeffer, Knoblauch und Kräutern abschmecken, die Stiele der Pilze entfernen und die Mischung in die hohlen Kappen füllen.
- Einige Scheiben Roggenbrot, mit Butter bestrichen
- Obst: Nektarine oder Pfirsich
- Wasser und/oder Saft
- **Option für Veganer:** Butter weglassen und statt Hüttenkäse Hummus nehmen.

TIP

Für dieses Rezept nur die frischesten, fleischigsten Champignons verwenden. Wer sie nicht roh mag, kann sie auch einige Minuten in Salzwasser garen.

Vegetarisches Lunchpaket 8

- Avocado auf Roggenbrot. Fleisch einer festen, reifen Avocado mit der Gabel zerdrücken, mit etwas Zitronensaft vermischen und mit Salz und Pfeffer würzen. Roggenbrot damit bestreichen. Mit Rucola und Brunnenkresse garnieren.
- Obst: Einige rote Trauben
- Wasser und/oder Saft

Hätten Sie's gewusst?

Avocados enthalten kein Cholesterin und sind reich an Krebs vorbeugenden Antioxidanzien. Sie enthalten auch viel Vitamin A, C und E.

Viele Roggenbrote enthalten einen kleinen Anteil Weizenmehl, damit sie leichter und lockerer werden. Sind Sie weizenunverträglich, experimentieren Sie mit verschiedenen Sorten und nehmen Sie nur Produkte aus 100 Prozent Roggen.

Vegetarisches Lunchpaket 9

- Maiskolben, gekocht und abgekühlt
- Penne-Tomaten-Salat. Penne al dente kochen, abseihen und mit Olivenöl beträufeln, damit sie nicht zusammenkleben. Abkühlen lassen. Inzwischen einige feste, reife Tomaten klein schneiden, in Scheiben geschnittene rohe Champignons, klein gehackten Knoblauch, Olivenöl, Salz und Peffer dazugeben und marinieren lassen. Die abgekühlten Nudeln in einen Behälter geben und die Tomatenmischung darüber geben. Nach Geschmack mit Streifen von frischen Basilikumblättern und zerkrümeltem Ziegenkäse bestreuen.
- Obst: Banane oder Apfel
- Wasser und/oder Saft
- **Option für Veganer:** Käse weglassen.

Hätten Sie's gewusst?

Knoblauch stärkt das Immunsystem. Er reduziert auch zu hohen Blutdruck und senkt den Blutcholesterinwert. Knoblauch hat darüber hinaus auch eine antibakterielle Wirkung.

Vegetarisches Lunchpaket 10

- Eiersalat auf Vollkornbrot. Hart gekochte Eier und Cornichons klein hacken und mit etwas Mayonnaise – nicht zu viel – binden. Mit Salz, Pfeffer und Dijonsenf würzen und mit reichlich Schnittlauchröllchen bestreuen. Bei einer saftigen Füllung wie dieser müssen Sie das Brot nicht mit Butter bestreichen.
- Obst: Stückchen von Netz- oder Honigmelone
- Wasser und/oder Saft
- **Option für Veganer:** Nehmen Sie statt Ei ihren Lieblingsbrotaufstrich.

TIPS

Sandwich erst in Butterbrotpapier einwickeln, dann in eine verschließbare Plastiktüte geben. So bleibt alles frisch, und der typische, etwas unangenehme Geruch von hart gekochtem Ei wird verhindert.

Wenn Ihr Lunchpaket stark riechende Zutaten wie hart gekochtes Ei oder Käse enthält, legen Sie einen Zweig Rosmarin in die Lunchbox. Er sieht nicht nur dekorativ aus, sondern verteilt auch seinen angenehmen Duft.

Lunchpakete für Sportler

Die richtige Ernährung für Sportler zusammenzustellen, ist zu einer hochspezialisierten Wissenschaft geworden. Inzwischen beschäftigt sich ein ganzer Industriezweig mit diesem Thema, und viele Sportbegeisterte essen ihr Leben lang nur die empfohlenen Produkte. Optimale Leistung im Sport hängt letztlich von Ihrem Gesundheitszustand und dem Ihres Kindes ab. Da viele Bücher zu diesem Thema erschienen sind, beschränke ich mich auf geeignete Lunchpakete. Meine Vorschläge sind sorgfältig zusammengestellt worden. Sie können die Portionsgrößen aber den Bedürfnissen und dem Energiebedarf Ihres Kindes individuell anpassen.

Protein und Kohlenhydrate

Es hat viel Medienrummel gegeben zum Thema eiweißreiche Ernährung für kleine Sportler oder für sehr aktive Kinder. Man sollte dies alles vielleicht etwas relativieren. Unser Körper braucht nur 40–80 Gramm Eiweiß pro Tag, und dieses Eiweiß wird primär für Zellaufbau und -erneuerung benötigt. Als Energielieferant spielt Eiweiß nur die zweite Geige. Zu viel Protein belastet den Körper eher, weil er versuchen muss, alles zu verarbeiten. Beim Abbau von Protein werden Giftstoffe freigesetzt, die von den Nieren ausgefiltert und über den Urin ausgeschieden werden. Gleichzeitig verliert der Körper auch wichtige Mineralstoffe wie Kalzium, Kalium und Magnesium.

Andererseits hält Protein den Blutzuckerwert viel länger konstant als Kohlenhydrate. Bei der Zusammenstellung von Lunchpaketen für Sportler kommt es also wieder einmal darauf an, das Gleichgewicht zu halten. Es ist wichtig, dass sportlich aktive Kinder ein ausgewogenes Lunchpaket bekommen, denn es muss sie mit den notwendigen Nährstoffen versorgen.

Ein gutes Lunchpaket sollte immer Obst enthalten, da dieses schnell verfügbare Energie liefert, zu fast 80 Prozent aus Wasser besteht und auch verdauungsförderndes Pektin enthält. Komplexe Kohlenhydrate wie alle Gemüsesorten, Vollkornprodukte, Hülsenfrüchte, brauner Reis, Süßkartoffel und Kartoffel sind ideal für aktive Menschen. Sie enthalten Zuckerarten, deren Energie langsamer freigesetzt wird als bei Fruchtzucker, aber noch wichtiger ist, dass jede Einheit Kohlenhydrat die neunfache Menge Wasser bindet, das dem Körper dann bei der Umwandlng des Glykogens in Energie zur Verfügung steht.

Hätten Sie's gewusst?

Jungen machen meistens als Teenager einen Wachstumsschub durch und entwickeln dabei einen Riesenappetit. Sehr oft – aber nicht immer – geht diese körperliche Entwicklung mit einem gesteigerten Interesse an sehr körperbetonten Sportarten wie Fußball einher, was den Nahrungsbedarf noch verstärkt.

Saft, Wasser, Sportgetränke

Die Bedeutung des Wassers ist bereits eingehend dargelegt worden, auf einige der Nachteile von Fruchtsaft wurde ebenfalls bereits hingewiesen. Bei sportlicher Aktivität sind Säfte jedoch von unschätzbarem Wert, denn ein Lunchpaket für Sportler und aktive Menschen muss schließlich schnell verfügbare Energie liefern. Traubensaft ist eine gute Wahl, da die Energie aus dem Traubenzucker sehr schnell freigesetzt wird. Auch Apfelsaft ist hervorragend geeignet, obwohl die Energie hier langsamer freigesetzt wird. Er gehört besonders in Schülerlunchpakete, weil der langsam freigesetzte Zucker den Blutzuckerwert konstant hält.

Man kann als Getränk natürlich bewusst Fruchtsäfte wählen, um mehr Energie zur Verfügung zu stellen, sollte aber gleichzeitig die Vorzüge des Wassers nicht vergessen. Auch Wasser ist ein wichtiger »Nährstoff« für Sportler. Bei sportlicher Aktivität trocknet der Körper leicht aus, da die Durstsensoren unterdrückt werden, wenn der Körper volle Leistung bringen muss. Es ist also empfehlenswert, den Körper vor dem Sport oder vor jeder anstrengenden Aktivität gut mit Wasser zu versorgen.

Um den Flüssigkeitsverlust auszugleichen, geben Sie am besten natürliche Fruchtsäfte wie Apfel- oder Traubensaft, die natürliche Glukose enthalten. Wählen Sie aber immer Produkte ohne Zuckerzusatz, Konservierungsmittel und Farbstoffe. Kein noch so ausgeklügelter »Energydrink« kann eine so perfekte Ausgewogenheit der Nährstoffe bieten wie natürlicher Fruchtsaft. Außerdem enthalten die meisten für Sportler entwickelten synthetischen Getränke nicht nur hauptsächlich Glukose, eine einfache Zuckerart, die nur den Blutzuckerwert in die Höhe treibt, sondern auch schädliche Zusatz- und Farbstoffe.

Faustregeln für Leistungssportler

- Trinken Sie vor dem Sport viel Wasser – und möglichst auch während Sie Sport treiben.
- Meiden Sie industrielle Sportlergetränke, trinken Sie lieber reinen Apfel- oder Traubensaft.
- Essen Sie viele komplexe Kohlenhydrate wie Vollkornprodukte, zum Beispiel Weizenvollkornbrote, braunen Reis und rohes Gemüse.
- Versorgen Sie Ihren Körper auch mit einfachen Zuckerarten für mehr Energie, zum Beispiel indem Sie frisches Obst und Honig essen.
- Bevorzugen Sie leicht verdauliches Eiweiß wie Fisch, Geflügel oder Nüsse. Besonders wertvoll sind Mandeln.
- Meiden Sie Milchprodukte während des Sports, da diese zu vermehrter Schleimbildung führen können. Heben Sie sich Ihr Käsestückchen oder Ihren Joghurt für das Ende des Spiels oder Trainings auf.

TIP

Eine raffinierte Kombination aus Protein und einfachen Zuckerarten bieten Nussknusperschnittchen mit Honig (s. Seite 70).

Die Sport-Snack-Formel

- Wasser (gegen Dehydrierung)
- Saft (liefert Flüssigkeit plus Energie)
- Protein in Maßen (zur Stabilisierung des Blutzuckerwertes)
- Kohlenhydrate, die den Großteil des Snacks bilden sollen, weil sie die nötige Energie liefern
- Frisches Obst (für Flüssigkeit und Ballaststoffe)
- Gelegentlich ein High-Energy-Snack, zum Beispiel Dattelbällchen (siehe Seite 70) oder Nussknusperschnittchen mit Honig (s. Seite 70) für sofort verfügbare Energie

> Hätten Sie's gewusst?
>
> **Sonnenblumenkerne sind kleine Kraftwerke.** Sie enthalten ca. 23 Prozent Protein, alle wichtigen Aminosäuren, Vitamin E und die B-Vitamine, Magnesium, Eisen, Kalzium und Ballaststoffe.
>
> **Kürbiskerne sind besonders reich an Protein,** ungesättigten Fettsäuren und den B-Vitaminen. Sie enthalten auch viel Phosphor, Eisen und Zink. Außerdem gelten sie als wirksames Vorbeugungsmittel gegen Erkrankungen der Prostata.

Sport-Lunchpaket 1

- Kaltes, frisches Wasser
- Apfelsaft
- Nudelsalat aus Farfalle. Thunfisch aus der Dose, klein geschnittene Tomate, Zwiebel, grüne Paprika, Gurke und frische Petersilie mit frisch gekochten, abgeseihten Farfalle-Nudeln vermischen. Mit einer Marinade aus frischem Zitronensaft, Dijonsenf, Salz und Pfeffer sowie Olivenöl beträufeln. Gabel nicht vergessen!
- Vollkornweizen- oder Roggenbrot, mit Butter bestrichen
- Obst: Banane, Wassermelone oder Orange
- Nussknusperschnittchen mit Honig (siehe Seite 70) oder Dattelbällchen (siehe Seite 70)

TIP

Öfter mal was Neues! Für einen etwas luxuriöseren Snack nehmen Sie statt Thunfisch eine Scheibe Räucherlachs.

> Hätten Sie's gewusst?
>
> **Zwiebeln (roh oder gekocht) enthalten ein sehr starkes natürliches Antioxidans.** Sie können dazu beitragen, Krebs vorzubeugen. Dazu senken sie die Werte sowohl des Blutdrucks als auch des Blutcholesterins.

Penne-Tomaten-Salat *(Vegetarisches Lunchpaket 9, Seite 45)*

Salat aus Pilzen und grünem Spargel
(Vegetarisches Lunchpaket 3, Seite 42)

Spießchen mit Cocktailtomate, Schinken, Käse und Gewürzgurke

(Standard-Lunchpaket 10, Seite 40)

Spießchen mit Fleischbällchen und Cocktailtomaten *(Sport-Lunchpaket 5, Seite 50)*

»Hasenfutter« *(Sport-Lunchpaket 8, Seite 52)*

Gefüllte Champignons
(Vegetarisches Lunchpaket 7, Seite 44)

Lammfleisch und Zaziki auf Roggenbrot *(Seite 63)*

Spaghetti Genovese mit Ziegenkäse *(Sport-Lunchpaket 3, Seite 49)*

Sport-Lunchpaket 2

- Kaltes, frisches Wasser
- Traubensaft
- Pitatasche mit Kartoffelsalat. Ungeschälte Kartoffeln einer fest kochenden Sorte kochen, abkühlen lassen, pellen und in Scheiben schneiden. Dann mit Mayonnaise, Frühlingszwiebeln, klein gehacktem, hart gekochtem Ei, knusprig gebratenen Speckwürfeln und zerbröseltem Ziegenkäse vermischen. Nach Geschmack würzen, Brunnenkresse und Alfalfa-Sprossen hinzufügen. In die Pitatasche füllen. Zuerst in Butterbrotpapier und dann in Alufolie wickeln, damit die Füllung fixiert wird und der Salat frisch bleibt.
- Obst: Mandarine oder Clementine
- Rosinen
- **Vegetarische Option:** Speck weglassen.

TIP

Eine Pitabrottasche kann zu viel sein für kleinere Kinder. Geben Sie den Kartoffelsalat in einem kleinen Behälter mit.

Sport-Lunchpaket 3

- Kaltes, frisches Wasser
- Mangosaft
- Spaghetti Genovese. Halbierte kleine Kartoffel in kochendes Salzwasser geben und 5 Minuten kochen. Grüne Bohnen im gleichen Kochwasser 5 Minuten kochen, anschließend Spaghetti hinzufügen, al dente kochen, abseihen und mit etwas Olivenöl vermischen, Basilikumpesto einrühren und alles abkühlen lassen. In einen geeigneten Behälter füllen und für zusätzliches Eiweiß Ziegenkäse darüber bröckeln.
- Obst: Mandarine, Clementine, Apfel, Birne oder anderes Obst der Saison

TIP

Ziegenkäse ist nicht jedermann's Sache. Wenn Sie das spezifische Aroma nicht mögen, ersetzen Sie ihn durch Feta.

Hätten Sie's gewusst?

Pasta und Kartoffeln liefern beide komplexe Kohlenhydrate, und mit dem Pesto und dem Käse bekommt man zusätzlich Eiweiß. Damit ist dieses Lunchpaket ideal für sportlich aktive Kinder.

Dieses Gericht eignet sich auch als Abendessen. Hatten Sie keine Zeit, es vor oder nach dem Sport zu essen, nehmen Sie es einfach mit nach Hause und wärmen es auf.

Sport-Lunchpaket 4

- Kaltes, frisches Wasser
- Apfelsaft
- Doppeldecker-BLT (bread, lettuce and tomato). Dieses Sandwich wird aus drei Scheiben Weizenvollkornbrot gemacht. Jede Scheibe mit Butter und Sahnemeerrettich bestreichen. Auf die erste Scheibe grünen Salat und eine Tomatenscheibe (entkernt) legen. Zweite Scheibe Brot darauf legen. Mit Sahnemeerrettich bestreichen und mit einer großzügigen Portion kross gebratenen Speckwürfeln belegen. Die dritte Scheibe Brot darauf legen. Mit Zahnstochern befestigen, in zwei Hälften schneiden und fest in Klarsichtfolie einwickeln.
- Obst: Wassermelonenscheiben oder Mango

TIP

Zahnstocher sind zu gefährlich für kleinere Kinder. Ein weiches Brötchen zweimal durchschneiden, mit allen Zutaten belegen und in Klarsichtfolie einwickeln.

Hätten Sie's gewusst?

Mangos enthalten sehr viele Nährstoffe. Sie sind reich an wichtigen Vitaminen und Mineralstoffen sowie sehr gesunden Antioxidanzien.

Sport-Lunchpaket 5

- Kaltes, frisches Wasser
- Mango- oder Apfelsaft
- Cevapcici-Tomaten-Spieße. Abwechselnd kleine Cevapcici, Cocktailtomaten, Scheiben von Gewürzgurke und Basilikumblätter auf Schaschlikspieße stecken.
- In Scheiben geschnittenes Weizenvollkornbrot, mit Butter bestrichen
- Obst: Mandarine, Clementine, Apfel, Birne oder anderes Obst der Saison
- **Vegetarische Option:** Mozzarella-Würfel anstelle der Hackfleischbällchen nehmen.

TIP

Das Rezept für Cevapcici bzw. Hackfleischbällchen finden Sie auf Seite 71. Hackfleisch verdirbt sehr schnell und sollte deshalb immer sofort nach dem Kauf (frisch durchgedreht bei einem guten Metzger) verarbeitet werden.

Sport-Lunchpaket 6

- Kaltes, frisches Wasser
- Orangensaft
- Sandwich mit gekochtem gepökelten Rindfleisch. Eine Scheibe Brot großzügig mit Frischkäse bestreichen und nach Geschmack mit Kräutern, Ananas und Alfalfa-Sprossen bestreuen. Eine zweite Scheibe Brot mit Chilisauce bestreichen und auf die erste Scheibe legen. Sandwich außen mit Frischkäse bestreichen und großzügig mit Streifen von Pökelfleisch belegen. Sandwich erst in Butterbrotpapier wickeln und dann in einen verschließbaren Kunststoffbeutel geben.
- Obst: Apfel oder anderes Obst der Saison

TIP

Dieses Sandwich schmeckt am besten mit weichem Vollkornbrot oder sogar mit Weißbrot. Damit es leichter zu essen ist, Sandwich in kleine Stücke schneiden, bevor Sie das Pökelfleisch darauf verteilen. Nicht nur für Sportler geeignet – schmeckt auch lecker im Büro!

Sport-Lunchpaket 7

- Kaltes, frisches Wasser
- Apfelsaft
- Mini-Hähnchenspieße. Abwechselnd mundgerechte Stückchen gebratenes oder geräuchertes Hähnchenfleisch, Gurken- und Ananasstückchen auf Spießchen oder Zahnstocher stecken.
- In Scheiben geschnittener Pumpernickel oder Kürbiskernbrot, mit Butter bestrichen
- Obst: Ein kleiner Behälter mit Stückchen von grüner Melone und einigen roten Trauben (dazu eine Gabel)
- Nussknusperschnittchen mit Honig (s. Seite 70)

TIP

Älteren Kindern kann man statt einer Gabel einen Zahnstocher zum Aufspießen des Obstes mitgeben.

Sport-Lunchpaket 8

- Kaltes, frisches Wasser
- Traubensaft
- Hasenfutter: Schneiden Sie von einem Sesambrötchen oben einen »Deckel« ab und höhlen Sie das Brötchen aus. Füllen Sie den Hohlraum mit einer dicken Hackfleischsauce, die Sie mit mildem Curry abgeschmeckt haben. Etwas süßes Mango-Chutney und frischen Koriander darauf geben, den Deckel wieder darauf setzen. Das Ganze fest in Butterbrotpapier einwickeln und mit Küchengarn festbinden. Dazu in Alufolie wickeln.
- Obst: Mandarine, Clementine, Apfel, Birne oder anderes Obst der Saison
- Dattelbällchen (siehe Seite 70)
- **Vegetarische Option:** Sojahackfleisch verwenden.

TIP

Für Hackfleischsauce gibt es zahllose Rezepte. Am besten ist wohl die berühmte Bologneser Sauce.

Sport-Lunchpaket 9

- Kaltes, frisches Wasser
- Apfelsaft
- Salami auf Roggenbrot. Frisches Roggenbrot mit Butter bestreichen, mit grünem Salat, Gurke und dünnen Salamischeiben belegen. Eine zweite Scheibe Brot dünn mit grobkörnigem Senf bestreichen, Meerrettich oder Mayonnaise bestreichen und zu einem Sandwich zusammensetzen. Erst in Butterbrotpapier wickeln und dann in einen Sandwichbeutel aus Plastik legen.
- Obst: Trauben oder anderes Obst der Saison
- **Vegetarische Option:** Nehmen Sie statt Salami geräucherten Mozzarella oder Bergkäse.

Hätten Sie's gewusst?

Gurken bestehen zu ca. 95 Prozent aus Wasser, sind aber auch reich an Vitamin C und Ballaststoffen.

Salami wird seit Jahrhunderten in der italienischen Küche verwendet. Das Fett zur Herstellung kommt immer vom Schwein.

TIP

Bei erhöhtem Cholesterinspiegel Salami meiden und stattdessen Streifen von gebratener Truthahnbrust nehmen.

Sport-Lunchpaket 10

- Kaltes, frisches Wasser
- Traubensaft
- Salat von braunem Reis: Entkernte, klein geschnittene Tomate, Zwiebel oder Frühlingszwiebel, Knoblauch, Gurke, Avocadostückchen, Sonnenblumenkerne und Mozzarella-Würfel mischen. Mit frisch gepresstem Zitronensaft beträufeln, dabei die Avocado gut benetzen, um Verfärbungen zu verhindern. Gekochten, abgekühlten braunen Reis mit frischen Kräutern wie Petersilie, Basilikum oder Koriander zugeben – wenn Sie ganz mutig sind, alle drei! Mit einem guten Olivenöl beträufeln, zuletzt mit Salz und Pfeffer abschmecken.
- Obst: Apfel, Birne oder anderes Obst der Saison
- Bananenmuffin

TIPS

Dieses Lunchpaket kann auch mit Vollkornpasta statt braunem Reis zubereitet werden.

Sie geben dem Salat ein ganz anderes Aussehen, wenn Sie Nudeln in unterschiedlichen Farben verwenden (Spinat- und Sepianudeln).

Sport-Lunchpaket 11

- Kaltes, frisches Wasser
- Apfelsaft
- Lachs-Croissant: Fleisch einer Avocado mit reichlich Zitronensaft zerdrücken, um Verfärbungen zu verhindern. Nach Geschmack salzen und pfeffern. Untere Hälfte eines Croissants dick mit der Avocadocreme bestreichen. Mit Stückchen von Räucherlachs, frischen Schnittlauchröllchen und Kapern belegen. In Butterbrotpapier wickeln und anschließend in eine Sandwichtüte geben.
- Gurkenspalten
- Obst: Wassermelonenstücke

Hätten Sie's gewusst?

Lachs ist im Geschmack und in der Konsistenz viel zarter und edler als Thunfisch und bietet hier eine interessante geschmackliche Abwechslung. Außerdem enthält Lachs wichtige Omega-3-Fette, die Entzündungen vorbeugen.

Durch die Gurke und die Wassermelone enthält dieses Lunchpaket viel Wasser und Ballaststoffe.

Snacks für unterwegs

Im Auto

Was das Essen betrifft, hat meine Mutter unsere Familie wirklich verwöhnt. Wenn wir in Urlaub fuhren, konnten wir es kaum erwarten zu erfahren, was sie uns zum Knabbern eingepackt hatte! Jetzt sind es meine eigenen Kinder, die in mich dringen. Damals gab es noch nicht so viele Möglichkeiten, sich unterwegs mit Essen zu versorgen. Da haben wir es heute leichter; man ist nie weit entfernt von einer großen Tankstelle mit einem mehr oder weniger guten Sortiment an Lebensmitteln und Getränken. Nach meiner Erfahrung ist es aber besser, immer etwas zum Knabbern parat zu haben, um die Blutzuckerwerte konstant zu halten. Das Letzte, was man auf einer langen Autofahrt brauchen kann, ist ein Rücksitz voller Kinder, bei denen entweder der Blutzuckerspiegel abgesackt ist oder die hyperaktiv sind, weil sie zu viel Fast Food, Süßigkeiten oder kohlensäurehaltige Getränke bekommen haben! Ein paar einfache Erfrischungen reichen vollkommen aus. Dabei sollte man salzhaltige Lebensmittel wie Wurst und Käse lieber meiden. Diese steigern den Durst, alle trinken zu viel, und der arme Fahrer muss ständig anhalten, weil ständig einer auf die Toilette muss. Apropos trinken: Nichts erfrischt mehr als kühles Wasser. Füllen Sie also Eis und kaltes Wasser in geeignete Trinkflaschen.

Frisches Obst ist ebenfalls eine gute Wahl – besonders Äpfel, Birnen, Bananen, Pflaumen und Aprikosen –, aber vergessen Sie nicht, eine Tüte für den Abfall mitzunehmen. Und verlassen Sie das Haus nie ohne feuchte Tücher, um klebrige kleine Finger daran abzuwischen!

Meiden Sie Industrieprodukte wie Schokoriegel oder Kartoffelchips. Sie enthalten kaum Nährstoffe und fördern zudem noch Durst oder Heißhunger. Belegte Brote sind und bleiben die beste Option – es ist auch relativ einfach, für jedes Mitglied der Familie sein Lieblingssandwich vorzubereiten. Packen Sie jedes Sandwich einzeln ein, damit jeder zugreifen kann, wenn er oder sie gerade Hunger hat. Auch kleine Muffins kommen meist gut an und können leicht im Auto gegessen werden.

Manche Kinder und sogar einige Erwachsene leiden auf Autofahrten unter Übelkeit. Sie sollten fette Speisen meiden und einen Apfel oder trockene, ungesalzene Cracker essen.

Meine Kinder freuen sich immer auf den – zuckerfreien – Kaugummi, den sie auf Reisen nach dem Essen kauen dürfen. Kaugummi kauen regt den Speichelfluss an. Dadurch werden Mund und Zähne gereinigt. Außerdem sind die kleinen Schnäbel beschäftigt und schreien nicht ständig nach Essen.

Tageswanderungen

Ich bin nicht in eine wanderfreudige Familie hineingeboren, aber ich habe in eine hineingeheiratet! Die Familie meines Mannes nimmt das Wandern sehr ernst, und ich bin die stolze Schwiegertochter einer älteren Dame, die seit 50 Jahren Mitglied im Cape Town Mountain Club ist. Sie feierte in diesem Jahr ihren 77. Geburtstag, und ich kann immer noch nicht mit ihr Schritt halten! Im Laufe der Jahre habe ich von ihr einige wertvolle Tips bekommen.

- Immer eine Thermoskanne Tee mitnehmen. Uns schmeckt Rooibos(Rotbusch)-Tee am besten. Er scheint seinen vollen Geschmack besser zu behalten als gewöhnlicher Schwarztee. Für Kinder empfiehlt sich dagegen immer ein unparfümierter Früchtetee. Wenn Sie die Angewohnheit haben, Ihren Tee auf englische Art mit Milch zu trinken, nehmen Sie die Milch in einem getrennten Behälter mit.
- Ausnahmsweise auf frisches Obst verzichten. Es ist nicht nur schwer, sondern auch druckempfindlich und daher schwierig einzupacken. Pfirsiche und Aprikosen mit Druckstellen sind Kindern kaum mehr zu vermitteln. Packen Sie deshalb Trockenobst in den Rucksack, am besten Rosinen und Backpflaumen.
- Dattelbällchen (siehe Seite 70) sind auch ein guter Wanderproviant. In einen schmalen Behälter mit einem fest sitzenden Deckel füllen, damit sie im Rucksack nicht zerdrückt werden.
- Tammys Knusperkekse (siehe Seite 68). Diese Kekse sind einfach toll. Sie stillen den kleinen Hunger zwischendurch, sind leicht und einfach zu transportieren und schmecken noch besser, wenn man sie in heißen Tee taucht.
- Bei Keksen aus dem Supermarkt wählen Sie harte Sorten in einer festen Verpackung, die auch einen Transport im Rucksack überstehen. Meiden Sie bei warmem Wetter Glasuren aus Schokolade.
- Wenn es schon Schokolade sein muss, dann bitte Zartbitterschokolade. Vollmilchschokolade schmilzt schneller und ist viel süßer – und das macht durstig.

Wir nehmen grundsätzlich auch immer Wasser mit, sogar auf kurzen Spaziergängen. Auch wenn es schwer ist und die Flasche auf den Rücken drückt – man weiß nie, wann und wozu man es braucht. Ein absolutes Muss ist natürlich auch ein feuchtes Tuch, um klebrige Kindergesichter und -finger sauber zu wischen – also reisen Sie leicht, und vergessen Sie das Wasser nicht!

Fürs Büro & unterwegs

Anspruchsvoll sein!

Die Zutaten für Lunchpakete fürs Büro und Picknicks sind natürlich etwas anspruchsvoller als die für Schul-Pausenbrote. Solche Lunchpakete können ruhig etwas außergewöhnlicher sein. Sie enthalten aber trotzdem in den meisten Fällen leicht verfügbare Zutaten. Was nicht gerade vorrätig ist, kann man in der Regel leicht durch andere Zutaten ersetzen. Denken Sie daran, ihre »schlaue Speisekammer« mit ein paar der auf Seite 32 aufgezählten Grundzutaten zu bestücken. So werden Sie in der Lage sein, jederzeit schnell ein Lunchpaket zusammenzuzaubern, das Ihre Kollegen und andere Picknickgäste vor Neid erblassen lässt. In diesem Kapitel biete ich einige Vorschläge für den »Hauptgang«. Sie können die einzelnen Komponenten beliebig mischen, je nach Stimmung und Anlass.

Ein paar Tips

Wenn Sie sich schon die Mühe machen, ein attraktives Lunchpaket vorzubereiten, sollten Sie auch die kleinen Details nicht vergessen, die das Ganze perfektionieren und abrunden:

- Salz und Pfeffer immer griffbereit halten. Der Pfeffer sollte, wenn möglich, frisch gemahlen werden. Salzstreuer und Pfeffermühle gehören also sowohl in die Büroküche als auch in den Picknickkorb.
- Sandwichbeläge und Brot getrennt einpacken, damit Sie die Sandwiches an Ort und Stelle zubereiten können.
- Salatdressings ebenfalls immer getrennt einpacken und Salate erst kurz vor dem Verzehr damit anrichten.
- Servietten bringen eine festliche Note auch in die alltäglichste Mittagspause, und Stoffservietten wirken in jeder Umgebung elegant.
- Besteck – Messer, Gabel und Löffel – nicht vergessen! Plastikbesteck mag praktisch sein, für Erwachsene geziemt sich ein Tafelbesteck.
- Einige Zweige frischer Kräuter sind eine aromatische Garnitur.
- Wenn Sie Käse transportieren, jede Scheibe einzeln in Butterbrotpapier oder Plastikfolie einwickeln und einen großen Zweig Rosmarin in den Behälter legen, um den Käsegeruch beim Öffnen des Behälters zu dämpfen.

Ideen mit Obst

Frische Mango mit Joghurt

Mangoscheiben mit griechischem Joghurt bestreichen und mit Honig beträufeln.

TIP

Für zusätzliche Energie mit gerösteten Pinien- oder Sonnenblumenkernen bestreuen.

Hätten Sie's gewusst?

Mangos zählen zu den Früchten, die die höchste Konzentration an Vitaminen, Mineralstoffen und Spurenelementen enthalten.

Nektarinensalat

Nektarinenspalten und einige Himbeeren mit frisch gepresstem Limettensaft beträufeln. Minzeblätter zerzupfen und einstreuen. Nach Geschmack mit etwas Honig beträufeln. Fettarmer Joghurt passt hervorragend zu diesem Salat.

TIPS

Servieren Sie diesen Nektarinensalat als Dessert oder als etwas sättigendere Zwischenmahlzeit auf getoasteten Waffeln.

Ersetzen Sie Nektarinen durch frische Pflaumen und lassen Sie den Limettensaft weg.

Melone und Parmaschinken

Dass Melone und Parmaschinken hervorragend zusammenpassen, ist kein Geheimnis, und wie heißt es so schön – »Never change a winning team«. Melonenspalten mit dünnen Scheiben Parmaschinken umwickeln. Natürlich eignet sich auch eine andere rohe Schinkensorte.

Fruchtspieße

Fruchtspieße sind eine großartige Methode, Obst in eine Mahlzeit zu integrieren. Ich bereite sie oft für die Lunchpakete meiner Kinder zu. Sie sind auch gut geeignet, um den kleinen Hunger im Büro zu stillen, ebenso für Picknicks. Fruchtspieße sind leicht zu essen, sehen lecker aus, und die Finger werden beim Essen nicht klebrig.

Der Trick liegt in der Auswahl der Früchte, die optisch wie geschmacklich optimal zusammenpassen sollten. Früchte in mundgerechte Stücke schneiden, auf ein Schaschlikspießchen oder einen Zahnstocher stecken, dabei auf wechselnde Farben und Konsistenz achten. Probieren Sie diese Kombinationen und lassen Sie sich davon zu eigenen Kreationen anregen:

TIP

Träufeln Sie den Saft einer Passionsfrucht über den Früchtespieß, besonders über die Banane. Das beugt Verfärbungen vor und verleiht Ihrem Fruchtspieß eine interessante Note.

Fruchtspieß 1

Papaya (oder Guave)
Banane
Birne
Orange
Erdbeere

Fruchtspieß 2

Guave
Erdbeere
Kleine Papaya
Kiwifrucht
Süße Melone

Fruchtspieß 3

Wassermelone
Minzeblätter
Schwarze Weintrauben
Minzeblätter zwischen die Obststücke stecken

Fruchtspieß 4

Banane
Erdbeere

Gesunde Salate

Die meisten Vorschläge sind für Vegetarier geeignet und arm an Cholesterin. Obwohl diese Salate auf komplexen Kohlenhydraten basieren, sind sie dank ihrer Zusammenstellung sättigend, aber nicht zu kalorienreich. Manche Vorschläge enthalten tierisches Eiweiß, das man aber auch weglassen oder durch andere Komponenten ersetzen kann.

Die meisten Blattsalate eignen sich nicht für die Verwendung in Lunchpaketen, da sie rasch welken. Rucola und Brunnenkresse jedoch bleiben lange frisch und aromatisch. Blattsalate immer gut waschen und in eine luftdichte Box legen.

Nudeln sind eine hervorragende Grundlage für leckere Salate. Verwenden Sie entweder herkömmliche Pasta aus Hartweizen oder solche aus 100 Prozent Buchweizen. Auch Couscous oder brauner Reis sind gute Salatgrundlagen. Diese Salate können sehr gut mit Dressing vorbereitet werden und bilden allein schon eine vollwertige Mahlzeit. Sie sind auch ideal geeignet, um Reste zu verwerten!

Hätten Sie's gewusst?

Brauner Reis (Naturreis) enthält reichlich Vitamin B_1 (Thiamin) und B_2 (Riboflavin) – sehr wichtig für den Energiestoffwechsel. Brauner Reis ist auch sehr reich an natürlichen Ballaststoffen. Die Garzeit ist aber wesentlich länger.

Reissalate

Gekochten und abgekühlten braunen Reis mit klein geschnittenen Tomaten, Gurken, Frühlingszwiebeln und einer guten Portion frisch gehackter Kräuter – Petersilie, Basilikum und Koriander – vermischen. Mit einer Marinade aus Zitronensaft oder Balsamicoessig, Olivenöl, Salz und Pfeffer anmachen.

Nehmen Sie dieses Grundrezept und fügen Sie eine der folgenden Zutatenkombinationen hinzu:

- Avocado und Champignonscheiben, mit frischem Limetten- oder Zitronensaft beträufelt
- Auf Holzkohle gegrillte Zucchini
- Gekochte Linsen (für eine festere Konsistenz)

TIP

Alle oben aufgeführten Zutaten sind für Menschen mit einer Laktose- oder Weizenunverträglichekeit oder zu hohem Cholesterinwert sowie für Veganer geeignet.

- Frische Ananasstückchen und Schinkenstreifen
- Basilikumblätter und Feta oder Mozzarella

TIP

Diese einfachen Zutaten gewinnen durch frische Kräuter. Gehen Sie also nicht sparsam damit um. Sie geben dem Salat nicht nur Aroma, sondern sind auch reich an Vitaminen und Mineralstoffen.

Nussknusperschnittchen *(Seite 70)*

Mehrkornbrötchen mit Roastbeef und Salat *(Standard-Lunchpaket 1, Seite 36)*

Croissant mit Räucherlachs und Avocado (*Sport-Lunchpaket 11, Seite 53*)

Brötchen mit Tomate, Mozzarella und Basilikum *(Seite 62)*

Nudelsalate

Verwenden Sie als Grundlage »gabelfreundliche« Pastasorten wie Fusilli, Farfalle oder Penne und Mayonnaise oder Joghurtdressing bzw. Vinaigrette und fügen Sie verschiedene Zutaten hinzu, zum Beispiel:

- Geröstetes Gemüse und Ziegenköse
- Thunfisch oder Räucherlachs mit fein gehackten Essiggurken und/oder Zwiebeln
- Gerösteten Kohlrabi mit Feta-Stückchen
- Streifen von rosa gebratenem Roastbeef mit viel frischem Koriander und etwas Limettensaft
- Gedünsteten Spargel, geröstete Pinienkerne und Scheiben aus hart gekochtem Ei und als Dressing Basilikumpesto, mit etwas Olivenöl extra vergine und Zitronensaft verrührt
- Klein geschnittene fleischige Tomaten, in Olivenöl, klein gehacktem Knoblauch und schwarzem Pfeffer mariniert und mit einigen frischen Basilikumblättern garniert

TIPS

Nudelsalate können im Winter auch warm gegessen werden, wenn ein Mikrowellengerät zur Verfügung steht. Die meisten Zutaten lassen sich gut erwärmen. Die Varianten mit geröstetem Gemüse und Ziegenkäse oder Kohlrabi mit Feta sind sowohl warm als auch kalt ein Genuss.

Für einen Hauch Luxus hobeln Sie frischen Parmesan über den Salat.

Hähnchensalat

Diesen Salat kann man einfach so, mit Weizenvollkornbrot oder mit einem Vollkorntoast genießen. Wenn man Reis oder Nudeln darunter mischt, kann man daraus auch eine etwas sättigendere Mahlzeit zaubern.

In mundgerechte Stücke geschnittenes gekochtes oder gebratenes Hähnchenfleisch, klein gehackte Frühlingszwiebeln und Mangostückchen mischen. Nach Geschmack einige Pekannüsse und etwas frisch gehackten Koriander hinzufügen. Mit gutem Olivenöl und einem Spritzer Zitronen- oder Limettensaft beträufeln und mit Salz und frisch gemahlenem schwarzen Pfeffer abschmecken.

Hätten Sie's gewusst?

Olivenöl enthält natürliche Anitoxidanzien, die vorbeugend gegen Brustkrebs wirken. Olivenöl senkt auch den Blutdruck und regelt die Blutzuckerwerte.

Sandwiches und Beläge

Seien Sie erfinderisch! Bereiten Sie einige leckere Sandwichfüllungen vor und geben Sie diese in separate Behälter. Brotscheiben oder Brötchen mit Butter bestreichen und in Butterbrotpapier wickeln. Kurz bevor Sie essen wollen, richten Sie Ihr Brot mit einer der vorbereiteten Auflagen an und würzen mit frisch gemahlenem schwarzen Pfeffer. Die Kolleginnen und Kollegen werden vor Neid erblassen! Vergessen Sie nicht, Besteck mitzunehmen, um Beläge und Aufstriche verarbeiten zu können.

Tomaten und Mozzarella

Krustenbrötchen oder Weizenvollkornbrot in Scheiben schneiden, mit Butter bestreichen. Entkernte Roma-Tomaten und Mozzarella in Scheiben schneiden und Brote damit belegen. Mit Salz und viel frisch gemahlenem schwarzen Pfeffer würzen und mit frischen Basilikumblättern garnieren.

Paprikaschoten und Feta

Paprikaschoten halbieren und im Backofen unter dem Grill rösten, bis die Haut dunkel wird. Mit einem feuchten Tuch abdecken und nach dem Erkalten die Haut abziehen. Ein frisches Sesam- oder Vollkornbrötchen halbieren. Mit Paprika- und Feta-Würfeln belegen. Mit einem großzügigen Tupfer Basilikumpesto und einigen Rucolablättern garnieren.

Geröstetes Gemüse

Hierzu eignet sich jede Kombination aus verschiedenen Gemüsesorten, die entweder in Scheiben oder in mundgerechte Stücke geschnitten, mit Kräuteröl bestrichen, auf dem Grill geröstet und abgekühlt wurden. Ciabatta in Scheiben schneiden und kurz vor dem Verzehr dick mit Gemüse belegen. Nach Geschmack ein paar Streifen rohe rote Zwiebel darauf legen. Mit Salz und frisch gemahlenem schwarzen Pfeffer würzen.

TIP

Heutzutage gibt es eine große Vielzahl an Tomatensorten. Für Lunchpakete eignen sich am besten die italienischen Roma-Tomaten, die im deutschsprachigen Raum oft auch als Eiertomaten bezeichnet werden. Sie haben sehr viel Fruchtfleisch und wenige Kerne. Im Kühlschrank halten sie auch sehr lange.

TIP

Für zusätzlichen Geschmack das Brot zuerst mit einer dicken Schicht Ricotta oder Frischkäse bestreichen. Frisch gehackte Kräuter (Petersilie, Schnittlauch oder Basilikum) enthalten wichtige Nährstoffe und verleihen dem Sandwich noch mehr Aroma.

Lamm und Zaziki

In Scheiben geschnittenes Roggenbrot mit Zaziki bestreichen, mit Salatblättern und dünnen Scheiben von kaltem Lammbraten belegen. Nach Geschmack mit frisch gemahlenem schwarzen Pfeffer und Salz würzen.

TIP

Menschen mit erhöhtem Cholesterinspiegel sollten das Fett vom Lammfleisch entfernen. Fettarmes Zaziki kann man selbst ganz einfach herstellen. Eine Gurke raspeln, salzen und abtropfen lassen. Fettarmen Joghurt mit der Gurke, klein gehacktem Knoblauch (seien Sie ruhig großzügig damit), einem Spritzer Zitronensaft, Salz und Pfeffer vermischen.

Hätten Sie's gewusst?

Gurke ist ein natürliches Diuretikum und verhindert Wassereinlagerungen im Körper.

Hähnchen-Sellerie-Taschen

Streifen gekochter oder gebratener Hähnchenbrust ohne Haut mit fein gewürfeltem Stangensellerie, Walnussstückchen und einigen Löffeln Mayonnaise zu einem weichen Sandwichaufstrich vermengen. Mit Salz und Pfeffer würzen. In Vollkorn-Pitataschen füllen.

TIPS

Hähnchenfleisch und Sellerie in getrennte Behälter füllen und erst kurz vor dem Verzehr vermischen, damit die Füllung das Pitabrot nicht aufweicht. Etwas gehackte Petersilie gibt der Füllung mehr Farbe und Biss. Petersilie enthält auch die wichtigen Vitamine A und C.

Für Menschen mit erhöhtem Cholesterinspiegel ist Hähnchenbrust ohne Haut eine gute Quelle tierischen Eiweißes. Verwenden Sie zur Abwechslung geräucherte Putenbrust oder in Butter kurz gebratene Putenfleischstreifen.

Würstchen-Senf-Brötchen

Beliebt bei allen Männern, obwohl Menschen mit erhöhtem Cholesterinspiegel lieber einen großen Bogen darum machen sollten! Lange Brötchen wie Hot-Dog-Brötchen oder Mini-Baguettes aufschneiden und mit Butter bestreichen. Dann mittelscharfen Senf mit etwas Mayonnaise vermischen und Brötchen mit dieser Mischung bestreichen. Mit in Scheiben geschnittenen Eiertomaten belegen und mit Salz und Pfeffer würzen. Eine gegrillte oder gebratene Bratwurst darauf legen, und fertig ist ein schmackhaftes Sandwich!

TIPS

Würstchen der Länge nach halbieren. So liegt es flach auf dem Brot und das Sandwich lässt sich viel leichter essen.

Mittelscharfer Senf ist die klassische Beigabe zu Bratwürsten. Wer es schärfer mag, sollte zu Dijonsenf greifen. Sehr delikat schmeckt auch der grobkörnige Hausmachersenf.

Thai-Hähnchen-Wrap

Dünne Streifen von Hähnchenbrust in etwas heißem Öl anbraten – vorzugsweise in Sesam- oder Erdnussöl. Streifen von roter und grüner Paprikaschote, Knoblauch, Zwiebeln, Zucchini und eine großzügige Portion Sesamsamen dazugeben und alles weiterbraten, bis das Hähnchenfleisch gar, das Gemüse aber noch bissfest ist. Mit Sojasauce abschmecken und mit etwas Erdnussbutter binden. Das Ganze abkühlen lassen und bis zur Verwendung im Kühlschrank aufbewahren.

Reichlich Füllung auf die untere Hälfte einer Tortilla oder eines ungesüßten, kalten Pfannkuchens geben. Das untere Ende des Wraps über die Füllung schlagen, die linke und rechte Seite jeweils bis zur Mitte einschlagen.

TIPS

Boeuf Stroganoff ist eine wunderbare Variante: Dazu fein gehackte Zwiebel in Butter anbraten, mit Mehl bestäuben und mit Bratensaft und saurer Sahne eine Sauce kochen. Scheiben von frischen Champignons und Gewürzgurken in der Sauce erhitzen. Streifen von Rinderfilet in Butter anbraten und in die Sauce geben. Mit Salz und Pfeffer abschmecken.

Roastbeefrollen

Einige große Blätter vom Kopfsalat waschen und trockentupfen. Auf jedes Blatt eine Scheibe rosa gebratenes Roastbeef legen und auf die Mitte einen Löffel Sahnemeerrettich setzen. Die belegten Salatblätter vorsichtig und locker einrollen und mit einem Zahnstocher feststecken oder als Alternative mit einem welken Knoblauchblatt wie ein Paket »verschnüren«. Wer es mag, kann blätterig geschnittene Gewürzgurken auf die Roastbeefscheiben legen oder zusammen mit den Salatrollen anrichten.

TIPS

Nehmen Sie als Alternative Räucherlachs statt Roastbeef.

Die Roastbeefrollen schmecken am besten mit in Scheiben geschnittenem Roggen- oder Weizenvollkornbrot. Brote paarweise mit den gebutterten Seiten aneinander legen und in Klarsichtfolie oder Alufolie wickeln, um sie frisch zu halten.

In kleine Streifen geschnittene Salatgurke anstelle der Gewürzgurke verwenden.

Gourmet-Sandwichbeläge

Seien Sie ruhig etwas experimentierfreudig und probieren Sie einige der folgenden Gourmet-Beläge. Sie sind schnell und einfach zubereitet und können mit sämtlichen Brotsorten verwendet werden.

- Baby-Mozzarella, Basilikumblätter und Tomaten – eventuell mit abgetropften Anchovis
- Schinken mit getrockneten, eingelegten Tomaten und Parmesanspänen
- Frischkäse, Räucherlachs und gehackte Frühlingszwiebeln oder Schnittlauch mit etwas Zitronensaft und etwas gehacktem, frischem Dill
- Geräuchertes Hähnchenfleisch, Avocado und Preiselbeeren
- Geräuchertes Hähnchen- oder Putenfleisch mit Kopfsalat, Brie und Avocado
- Kross gebratener Speck, Blauschimmelkäse und Chilisauce
- Röstgemüse mit Chilisauce und Gorgonzola

TIPS

Avocado mit etwas Zitronensaft, Salz und frisch gemahlenem schwarzen Pfeffer mit einer Gabel zerdrücken und statt Butter oder Margarine verwenden.

Diese Beläge schmecken auch hervorragend auf Reiswaffeln oder weizenfreiem Roggenbrot.

Für optimale Frische die Brote erst kurz vor dem Verzehr bestreichen und belegen.

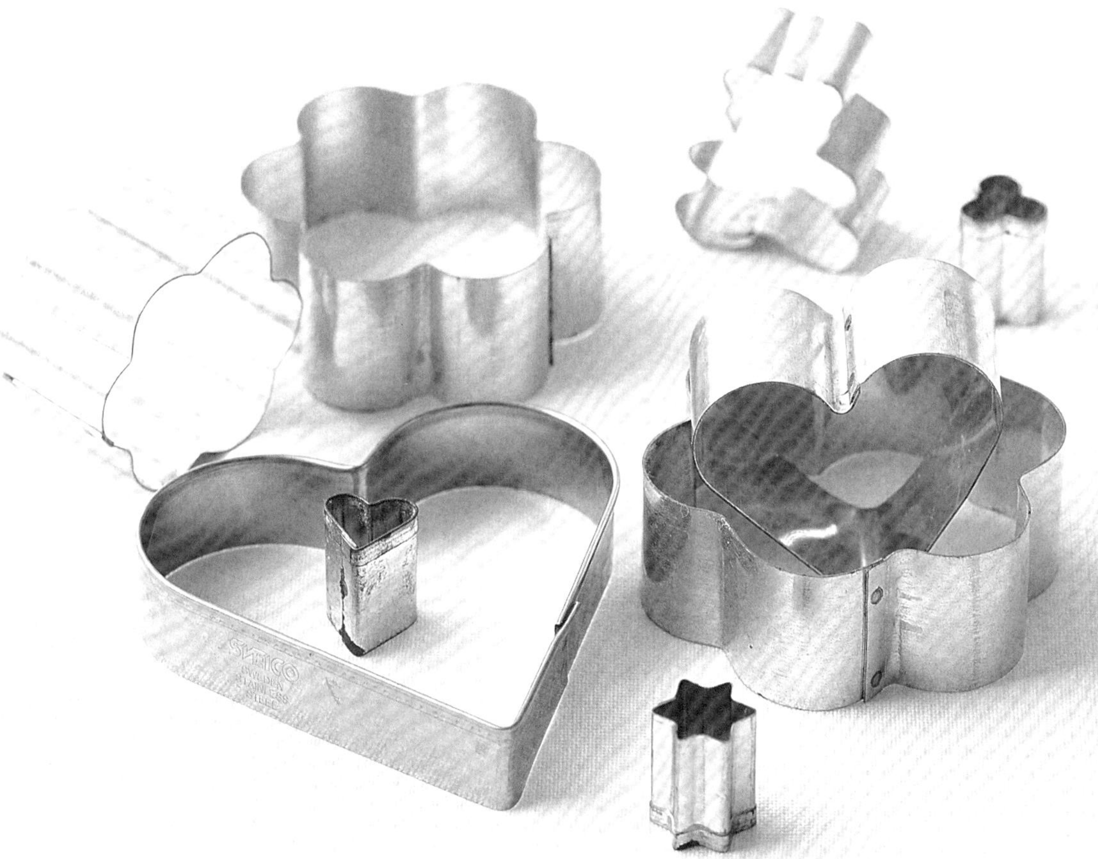

Schnelle Rezepte

Los geht's

Die Rezepte auf den nächsten Seiten sind für die Menschen gedacht, die entweder so früh am Morgen nichts essen können oder so früh aus dem Haus müssen, dass ihnen keine Zeit bleibt, um ein Frühstück vorzubereiten. Man sollte aber bedenken, dass das Frühstück dazu dient, unseren Stoffwechsel morgens anzukurbeln. Die Rezepte sind alle schnell zubereitet und können meist sogar auf dem Weg zur Arbeit, im Auto oder auf dem Schulweg verzehrt werden.

Frühstück

Frühstücksmüsli

500 g Butter
300 g Honig
je 100 g Mandeln, Pekannüsse, Cashewnüsse
und Walnüsse, grob gehackt
320 g Haferflocken
100 g Puffweizen
30 g Kleie
240 g Sesamsamen
240 g Sonnenblumenkerne
160 g Kokosraspel
120 g Mohnsamen
90 g Weizenkleie (optional)

1. Butter und Honig zerlassen.
2. Die restlichen Zutaten in einer großen Schüssel mischen, eine Mulde hineindrücken. Die Butter-Honig-Mischung in zwei Portionen in die Mulde geben und jeweils gut durchmischen.
3. Die Mischung auf gefettete Backbleche verteilen und im vorgeheizten Backofen bei 180 °C in 15–20 Minuten backen.
4. Abkühlen lassen und in luftdichten Behältern aufbewahren. Damit die Nüsse nicht ranzig werden, die Hälfte der Mischung einfrieren.

Tammys Knusperkekse

500 g Butter oder Margarine
500 ml Milch
2 Eier, verquirlt
720 g Mehl
120 g Weizenkleie
300 g brauner Zucker
60 mg Backpulver
1 TL Salz

1. Butter und Milch bei mittlerer Hitze erwärmen, vom Herd nehmen und die Eier unterrühren.
2. Alle übrigen Zutaten in einer großen Schüssel vermischen, in die Mitte eine Mulde drücken, die Milchmischung hineingeben und rühren, bis der Teig Fäden zieht.
3. Den Teig auf ein gefettetes Backblech geben und bei 180 °C ca. 1 Stunde backen. Nach 45 Minuten mit einem Messer in die Mitte des Teiges stechen. Ist das herausgezogene Messer sauber, sind die Kekse fertig.
4. Die Teigplatte abkühlen lassen, in Stangen schneiden, auf Backbleche legen und im kühlen Ofen bei 70 –100 °C uber Nacht trocknen.

Smoothies

Smoothies sind ein großartiger Start in den Tag, für Sie und Ihre Kinder, und besonders für alle Menschen, die nicht gern frühstücken. Experimentieren Sie mit verschiedenen Zutaten und finden Sie heraus, was Ihnen und Ihren Kindern am besten schmeckt. Dann können Sie die Kinder auch dazu ermutigen, ihre Smoothies selbst herzustellen. Kaufen Sie einen Becher oder ein anderes Trinkgefäß mit einem dicht schließenden Deckel, damit sie die Smoothies notfalls sogar im Auto trinken können.
Menschen, die Kuhmilch nicht vertragen, können sie einfach durch Sojamilch oder natürlichen Fruchtsaft ersetzen.

Erdbeer-Mango-Smoothie

Fruchtfleisch einer Mango mit ein paar Erdbeeren und einem Glas Milch mit dem Mixstab oder im Mixer gründlich mixen. Ich nehme manchmal ein halbes Glas Milch und ein halbes Glas Joghurt mit Vanillegeschmack. Das schmeckt sehr gut.

Beeren-Smoothie

Die Milch mit Erdbeeren oder anderen gemischten Beeren im Mixer oder mit dem elektrischen Mixstab zu einem Energie spendenden pinkfarbenen Getränk verquirlen. Nehmen Sie bei Bedarf tiefgefrorene Beeren, aber achten Sie darauf, dass diese schonend aufgetaut werden. Das geht nur über Nacht im Kühlschrank.

Bananen-Smoothie

Eine Banane, ein halbes Glas Milch und ein halbes Glas griechischen Joghurt, nach Geschmack mit etwas Honig gesüßt, im Mixer oder mit dem Mixstab zu einem Smoothie mixen. Das Getränk entweder sofort genießen oder in einen Plastikbecher mit gut schließendem Deckel füllen und im Auto auf dem Weg ins Büro oder zur Schule genießen.

TIP

Bananen eignen sich gut für Smoothies, weil sie sich mit vielen anderen Obstsorten kombinieren lassen. Probieren Sie Banane-Mango, Banane-Papaya oder Banane mit reifen Birnen. Für ein etwas süßeres Getränk verwenden Sie statt Naturjoghurt einen Joghurt mit Vanillegeschmack.

Hätten Sie's gewusst?

Bananen sind reich an Vitaminen und enthalten viel Kalium und natürlichen Zucker.

Schnelle Snacks

Diese Rezepte fallen unter die Rubrik Leckereien. Sie sollten sie nicht zu oft anbieten, sonst verlieren sie den Reiz des Besonderen. Das Rezept für Dattelbällchen basiert auf einem Originalrezept von Mary-Ann Shearer. Das Rezept für Zwei-Wochen-Muffins habe ich aus meinem Bekanntenkreis. Es war vor einigen Jahren groß in Mode. Hier meine eigene Version davon. Diese Muffins gehen nicht allzu sehr auf und sind daher ideal für die Lunchbox.

Dattelbällchen

160 g Kokosraspel
450 g frische Datteln, entsteint
abgeriebene Schale einer unbehandelten Zitrone
45 ml Orangensaft (mit Fruchtfleisch)

1. Kokosraspel, Datteln, Zitronenschale und etwas Orangensaft mit dem Mixstab zu einem groben Teig verarbeiten.
2. Masse mit den Handflächen zu kleinen Bällchen rollen, diese zusätzlich in Kokosraspel wälzen.
3. In einem luftdichten Behälter kühl lagern. Zwischen die einzelnen Schichten einen Bogen Butterbrotpapier legen.

TIP

Ich mache öfters kleine Mengen Dattelbällchen, da meine alte Küchenmaschine größere Mengen Teig nicht verarbeitet.

Nussknusperschnittchen

30 g Butter
125 g Honig
100 g gemischte ganze Nüsse
45 g Sesamsamen (optional)

1. Butter und Honig in einem Topf zerlassen und ca. 15 Minuten bei mittlerer Hitze kochen, bis der Honig sich dunkler färbt.
2. Vom Herd nehmen. Nüsse und Sesamsamen dazugeben und alles gut mischen.
3. Mischung auf ein Backblech verteilen und trocknen lassen.
4. Abgekühlte Mischung in Stücke brechen und in luftdichten Behältern aufbewahren oder in Gefrierbeuteln einfrieren.

TIP

Damit die Mischung schneller abkühlt, das Backblech für einige Zeit in den Keller stellen.

Zwei-Wochen-Muffins

3 Eier

½ l Milch

375 ml Öl

45 g Honig

480 g Mehl

4 TL Natron

4 TL Backpulver

2 TL Salz

300 g brauner Zucker

180 g Weizenkleie

150 g kernlose Rosinen

100 g gemischte Nüsse, gehackt

1. Eier, Milch, Öl und Honig verrühren.
2. Alle übrigen Zutaten in einer Rührschüssel mischen und eine Mulde hineindrücken. Eier-Milch-Mischung in die Mulde gießen und vorsichtig rühren, bis die Zutaten gerade vermischt sind.
3. In einen luftdicht verschließbaren Behälter füllen und in den Kühlschrank stellen. Innerhalb zwei Wochen verbrauchen.
4. Nach Bedarf Teig in eine gefettete Muffinform oder in Papierbackförmchen füllen und die Muffins im vorgeheizten Ofen bei 180 °C 20 Minuten backen. Teig jeweils kurz umrühren.

Hackfleischbällchen

500 g mageres Rinderhackfleisch

1 TL Salz

1 TL gemahlene Nelken

½ TL gemahlener Koriander

15 g gehackte Petersilie oder Pfefferminze

1 Ei

etwas schwarzer Pfeffer

3 EL Mango-Chutney (nach Belieben)

Pflanzenöl zum Braten

1. Rinderhackfleisch, Salz, Nelken, Koriander, Petersilie und Ei vermischen.
2. Den Fleischteig nach Geschmack mit gemahlenem schwarzen Pfeffer würzen und das Mango-Chutney unterrühren.
3. Die Mischung zu kleinen Bällchen formen.
4. Die Fleischbällchen in einer beschichteten Pfanne in wenig heißem Öl von allen Seiten knusprig braten oder im vorgeheizten Backofen bei 180 °C in etwa 20 Minuten goldbraun braten.
5. Die Fleischbällchen abkühlen lassen und bis zum Gebrauch in den Kühlschrank stellen.

Register

Für Ihre

Notizen

Für Ihre
Notizen

Für Ihre
Notizen

Für Ihre
Notizen